# GO! 독학 광동어 실전 비즈니스

단어·회화·문법·
패턴·문화로
광동어 완벽 마스터

시원스쿨중국어연구소 · SOW Publishing 지음

S 시원스쿨닷컴

**초판 1쇄 발행** 2023년 3월 29일

**지은이** 시원스쿨중국어연구소 · SOW Publishing
**펴낸곳** (주)에스제이더블유인터내셔널
**펴낸이** 양홍걸 이시원

**홈페이지** china.siwonschool.com
**주소** 서울시 영등포구 국회대로74길 12
**교재 구입 문의** 02)2014-8151
**고객센터** 02)6409-0878

**ISBN** 979-11-6150-697-5
**Number** 1-450102-16161620-06

# GO! 독학 광둥어 실전 비즈니스

단어·회화·문법·
패턴·문화로
광둥어 완벽 마스터

시원스쿨중국어연구소 · SOW Publishing 지음

S 시원스쿨닷컴

# 이 책의 구성과 활용

○ **단어 알아보GO!** ○

매 과의 주요 단어를 광둥어, 중국어, 영어, 한국어 총 4가지 언어로 제시하여 누구나 쉽게 학습할 수 있습니다.

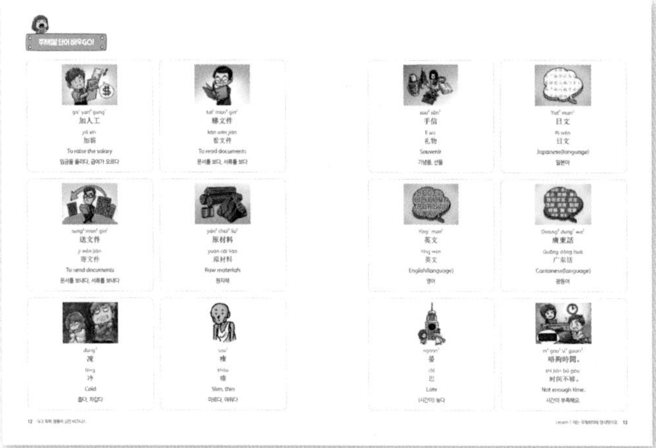

○ **주제별 단어 배우GO!** ○

새단어 중 매 과의 주제와 관련된 어휘를 그림과 함께 익힐 수 있어 보다 쉽게 단어를 기억할 수 있습니다.

○ **문법 다지GO!** ○

매 과의 핵심 문법을 다양한 예문과 함께 학습할 수 있습니다. MP3 음원을 들으며 듣기와 말하기를 동시에 마스터할 수 있습니다.

## ○ 문법 응용하GO! ○

앞에서 배운 문법 사항을 좀 더 효율적으로 응용하고, 다시 한번 확인하고 넘어갈 수 있도록 실생활에서 바로 쓸 수 있는 실용적인 예문을 추가하였습니다.

## ○ 회화로 말문트GO! ○

일상생활에서 가장 많이 쓰는 생생한 상황 회화로 구성되어 있어 자연스러운 광둥어를 구사할 수 있습니다.

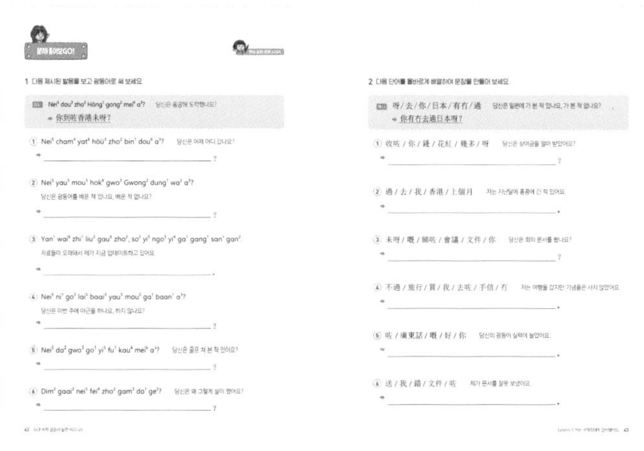

## ○ 문제 풀어보GO! ○

다양한 유형의 연습 문제를 풀어보며 자신의 실력을 점검할 수 있습니다.

# 부록 구성

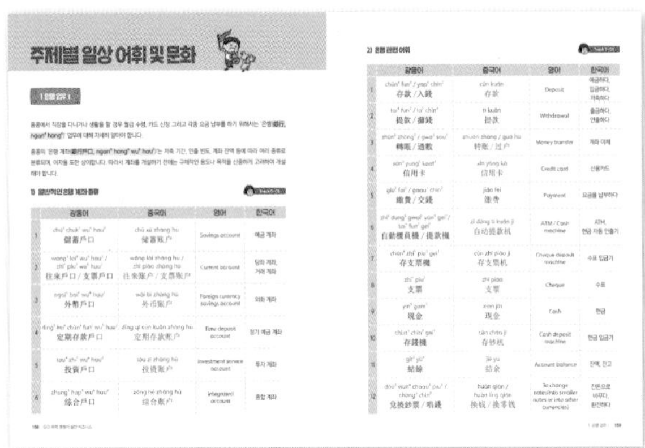

## 주제별 일상 어휘 및 문화

일상 생활과 밀접한 주요 어휘를 한눈에 보기 쉽게 정리하였으며, 생생한 그림으로 현지의 다양한 문화를 직간접적으로 체험할 수 있습니다.

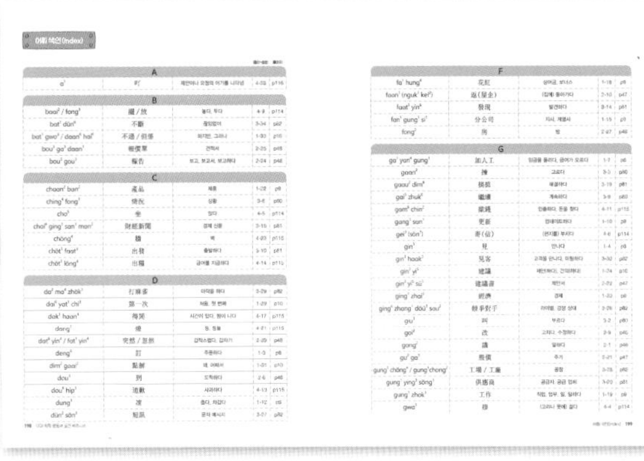

## 어휘 색인(Index)

매 과에서 학습한 새단어를 알파벳 순으로 정리하여 원하는 단어를 쉽게 찾아볼 수 있습니다.

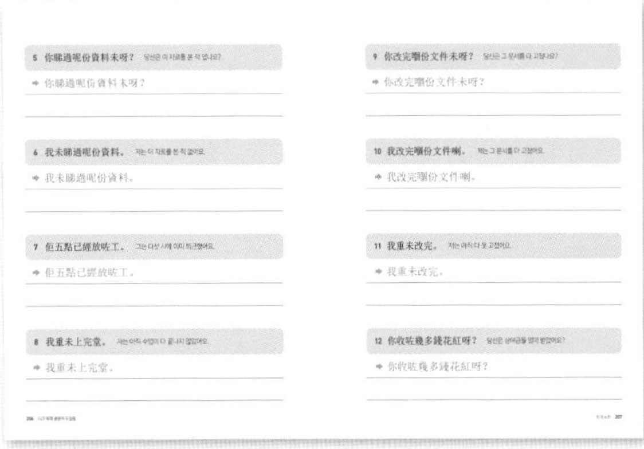

## 쓰기 노트

매 과에서 학습한 주요 문장 50개를 직접 쓰면서 연습할 수 있습니다.

# 목차

## 회화편



## 부록

**MP3 음원 무료 다운로드**

china.siwonschool.com

홈페이지 접속 ▶ 학습 지원 센터 ▶ 공부 자료실에서 다운로드 받으실 수 있습니다.

# Lesson 1

Ngo⁵ höü³ zho² yat¹ go³ gwok³ zhai³ wui⁶ yi⁵

# 我去咗一個國際會議。

저는 국제회의에 참석했어요.

## 단어 알아보GO!

| | 광동어 | 중국어 | 영어 | 한국어 |
|---|---|---|---|---|
| 1 | hok⁶ 學 | xué 学 | To learn | ⓢ 배우다 |
| 2 | zhü⁶ 住 | zhù 住 | To live | ⓢ 살다, 거주하다 |
| 3 | deng⁶ 訂 | dìng 订 | To order | ⓢ 주문하다 |
| 4 | gin³ 見 | jiàn 见 | To meet | ⓢ 만나다 |
| 5 | ngon¹ paai⁴ 安排 | ān pái 安排 | To arrange, make appointment | ⓢ 안배하다, 준비하다 |
| 6 | zhün³ hou² 轉好 | hǎo zhuǎn 好转 | To get well, get better | ⓢ 호전되다, 좋아지다 |
| 7 | ga¹ yan⁴ gung¹ 加人工 | jiā xīn 加薪 | To raise the salary | 임금을 올리다, 급여가 오르다 |
| 8 | tai² man⁴ gin² 睇文件 | kàn wén jiàn 看文件 | To read documents | 문서를 보다, 서류를 보다 |
| 9 | sung³ man⁴ gin² 送文件 | jì wén jiàn 寄文件 | To send documents | 문서를 보내다, 서류를 보내다 |

| | 광동어 | 중국어 | 영어 | 한국어 |
|---|---|---|---|---|
| 10 | gang[1] san[1]<br>更新 | gēng xīn<br>更新 | To update, refresh | 동 업데이트하다 |
| 11 | sau[3]<br>瘦 | shòu<br>瘦 | Slim, thin<br>(people and animals) | 형 마르다, 여위다 |
| 12 | dung[3]<br>凍 | lěng<br>冷 | Cold | 형 춥다, 차갑다 |
| 13 | ngaan[3]<br>晏 | chí<br>迟 | Late | 형 (시간이) 늦다 |
| 14 | zhung[2] gung[1] si[1]<br>總公司 | zǒng gōng sī<br>总公司 | Headquarter | 명 본사 |
| 15 | fan[1] gung[1] si[1]<br>分公司 | fēn gōng sī<br>分公司 | Branch | 명 지사, 계열사 |
| 16 | gwok[3] zhai[3] wui[6] yi[5]<br>國際會議 | guó jì huì yì<br>国际会议 | International conference | 명 국제회의 |
| 17 | yün[4] choi[4] liu[2]<br>原材料 | yuán cái liào<br>原材料 | Raw materials | 명 원자재 |
| 18 | fa[1] hung[4]<br>花紅 | jiǎng jīn<br>奖金 | Salary bonus | 명 상여금, 보너스 |
| 19 | gung[1] zhok[3]<br>工作 | gōng zuò<br>工作 | Occupation, job, duties | 명 직업, 업무, 일<br>동 일하다 |
| 20 | ging[1] zhai[3]<br>經濟 | jīng jì<br>经济 | Economy | 명 경제 |
| 21 | sau[2] sön[3]<br>手信 | lǐ wù<br>礼物 | Souvenir | 명 기념품, 선물 |
| 22 | chaan[2] ban[2]<br>產品 | chǎn pǐn<br>产品 | Product | 명 제품 |
| 23 | lei[6] yön[6]<br>利潤 | lì rùn<br>利润 | Interest, profit | 명 이윤, 수익 |

| | 광둥어 | 중국어 | 영어 | 한국어 |
|---|---|---|---|---|
| 24 | gin$^{3}$ yi$^{5}$<br>建議 | jiàn yì<br>建议 | Suggestion | (명) 제안, 건의<br>(동) 제안하다, 건의하다 |
| 25 | Yat$^{6}$ man$^{2}$<br>日文 | Rì wén<br>日文 | Japanese(language) | (명) 일본어 |
| 26 | Ying$^{1}$ man$^{2}$<br>英文 | Yīng wén<br>英文 | English(language) | (명) 영어 |
| 27 | Gwong$^{2}$ dung$^{1}$ wa$^{2}$<br>廣東話 | Guǎng dōng huà<br>广东话 | Cantonese(language) | (명) 광둥어 |
| 28 | zhöü$^{3}$ gan$^{6}$<br>最近 | zuì jìn<br>最近 | Recently | (명) 최근 |
| 29 | dai$^{6}$ yat$^{1}$ chi$^{3}$<br>第一次 | dì-yī cì<br>第一次 | For the first time | 처음, 첫 번째 |
| 30 | yi$^{5}$ ging$^{1}$<br>已經 | yǐ jīng<br>已经 | Already | (부) 이미, 벌써 |
| 31 | dim$^{2}$ gaai$^{2}$<br>點解 | wèi shén me<br>为什么 | Why | (대) 왜, 어째서 |
| 32 | yan$^{1}$ wai$^{6}$……so$^{2}$ yi$^{5}$……<br>因為……所以…… | yīn wèi……suǒ yǐ……<br>因为……所以…… | Because……so…… | (접) ~하기 때문에 ~하다 |
| 33 | bat$^{1}$ gwo$^{3}$ / daan$^{6}$ hai$^{6}$<br>不過 / 但係 | bú guò / dàn shì<br>不过 / 但是 | However, but | (접) 하지만, 그러나 |
| 34 | lo$^{1}$<br>囉 | lou<br>喽 | Emphasize the reason or excuse | 이유를 강조할 때 사용 |

| | | | | |
|---|---|---|---|---|
| 35 | m$^{4}$ gau$^{3}$ si$^{4}$ gaan$^{3}$.<br>唔夠時間。 | shí jiān bú gòu.<br>时间不够。 | Not enough time. | 시간이 부족해요. |
| 36 | dang$^{2}$ zho$^{2}$ hou$^{2}$ noi$^{6}$.<br>等咗好耐。 | děng le hěn jiǔ.<br>等了很久。 | Have waited for long. | 오래 기다렸어요. |

## 회사 직함

| 광둥어 | 중국어 | 영어 | 한국어 |
|---|---|---|---|
| dung[2] si[6] zhöng[2] / wui[6] zhöng[2]<br>董事長 / 會長 | dǒng shì zhǎng / huì zhǎng<br>董事长 / 会长 | Director / Chairman | 이사장, 회장 |
| fu[3] dung[2] si[6] zhöng[2] / fu[3] wui[6] zhöng[2]<br>副董事長 / 副會長 | fù dǒng shì zhǎng / fù huì zhǎng<br>副董事长 / 副会长 | Vice Chairman | 부회장 |
| dung[2] si[6] zhung[2] ging[1] lei[5]<br>董事總經理 | dǒng shì zǒng jīng lǐ<br>董事总经理 | Managing Director | 전무 이사 |
| zhap[1] hang[4] dung[2] si[6]<br>執行董事 | zhí xíng dǒng shì<br>执行董事 | Executive Director | 상무 이사 |
| zhung[2] choi[4] / se[5] zhöng[2]<br>總裁 / 社長 | zǒng cái / shè zhǎng<br>总裁 / 社长 | President | CEO, 총재 |
| fu[3] zhung[2] choi[4] / fu[3] se[5] zhöng[2]<br>副總裁 / 副社長 | fù zǒng cái / fù shè zhǎng<br>副总裁 / 副社长 | Vice President | 부총재 |
| zhung[2] ging[1] lei[5]<br>總經理 | zǒng jīng lǐ<br>总经理 | General Manager | 사장 |
| fu[3] zhung[2] ging[1] lei[5]<br>副總經理 | fù zǒng jīng lǐ<br>副总经理 | Vice General Manager | 부사장 |
| ging[1] lei[5]<br>經理 | jīng lǐ<br>经理 | Manager | 부장, 매니저 |
| fu[3] ging[1] lei[5]<br>副經理 | fù jīng lǐ<br>副经理 | Assistant manager | 차장 |
| zhü[2] yam[6]<br>主任 | zhǔ rèn<br>主任 | Supervisor | 주임 |
| gu[3] man[6]<br>顧問 | gù wèn<br>顾问 | Consultant | 고문 |
| bei[3] sü[1]<br>秘書 | mì shū<br>秘书 | Secretary | 비서 |
| zho[6] lei[5]<br>助理 | zhù lǐ<br>助理 | Assisant | 어시스턴트 |
| man[4] yün[4]<br>文員 | wén yuán<br>文员 | Clerk | (사무직) 직원 |
| zhip[3] doi[6]<br>接待 | jiē dài<br>接待 | Receptionist | 안내원 |

## 주제별 단어 배우GO!

ga[1] yan[4] gung[1]

加人工

jiā xīn

加薪

To raise the salary

임금을 올리다, 급여가 오르다

tai[2] man[4] gin[2]

睇文件

kàn wén jiàn

看文件

To read documents

문서를 보다, 서류를 보다

sung[3] man[4] gin[2]

送文件

jì wén jiàn

寄文件

To send documents

문서를 보내다, 서류를 보내다

yün[4] choi[4] liu[2]

原材料

yuán cái liào

原材料

Raw materials

원자재

dung[3]

凍

lěng

冷

Cold

춥다, 차갑다

sau[3]

瘦

shòu

瘦

Slim, thin

마르다, 여위다

sau² sön³

手信

lǐ wù

礼物

Souvenir

기념품, 선물

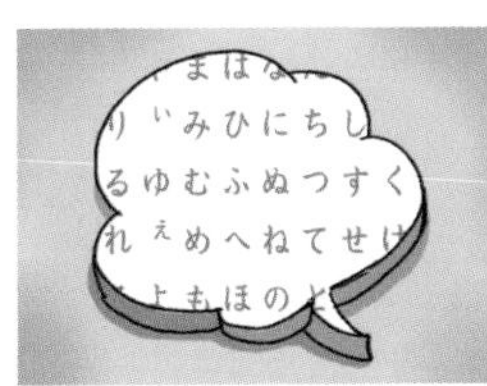

Yat⁶ man²

日文

Rì wén

日文

Japanese(language)

일본어

Ying¹ man²

英文

Yīng wén

英文

English(language)

영어

Gwong² dung¹ wa²

廣東話

Guǎng dōng huà

广东话

Cantonese(language)

광둥어

ngaan³

晏

chí

迟

Late

(시간이) 늦다

m⁴ gau³ si⁴ gaan³.

唔夠時間。

shí jiān bú gòu.

时间不够。

Not enough time.

시간이 부족해요.

## ① 咗 zho² ~했다(동작이 완료됐음을 나타냄)

### 1) 의문문 1 주어 + 동사 + 咗(~했다) + 목적어 + 未(~하지 않다) + 呀?

| 광둥어 | 중국어 |
|---|---|
| Nei⁵ deng⁶ zho² yün⁴ choi⁴ liu² mei⁶ a³?<br>你訂咗原材料未呀? | Nǐ dìng le yuán cái liào méi?<br>你订了原材料没? |

### 2) 의문문 2 주어 + 동사 + 咗(~했다) + 의문대사 + 목적어 + 呀?

| 광둥어 | 중국어 |
|---|---|
| Nei⁵ höü³ zho² bin¹ gaan¹ fan¹ gung¹ si¹ a³?<br>你去咗邊間分公司呀? | Nǐ qù le nǎ jiān fēn gōng sī a?<br>你去了哪间分公司啊? |

### 3) 긍정문 1 주어 + 已經(이미) + 동사 + 咗(~했다) + 목적어

| 광둥어 | 중국어 |
|---|---|
| Gung¹ si¹ yi⁵ ging¹ deng⁶ zho² chaan² ban² ge³ yün⁴ choi⁴ liu².<br>公司已經訂咗產品嘅原材料。 | Gōng sī yǐ jīng dìng le chǎn pǐn de yuán cái liào.<br>公司已经订了产品的原材料。 |

| 영어 | 한국어 |
|---|---|
| Have you ordered the raw materials yet? | 당신은 원자재를 주문했나요? |

| 영어 | 한국어 |
|---|---|
| Which branch did you go to? | 당신은 어느 지사에 갔나요? |

| 영어 | 한국어 |
|---|---|
| Our company has already ordered the raw materials for the products. | 회사는 이미 제품의 원자재를 주문했어요. |

4) ☺ 긍정문 2 주어 + 동사 + 咗(~했다) + 목적어

| 광둥어 | 중국어 |
| --- | --- |
| Ngo5 höü3 zho2 yat1 go3 gwok3 zhai3 wui6 yi5.<br>我去咗一個國際會議。 | Wǒ cān jiā le yí ge guó jì huì yì.<br>我参加了一个国际会议。 |

5) ☹ 부정문 주어 + 未 / 重未(아직 ~하지 않다) + 동사 + 목적어

| 광둥어 | 중국어 |
| --- | --- |
| Ngo5 zhung6 mei6 sau1 dou2 nei5 ge3 sön3.<br>我重未收到你嘅信。 | Wǒ hái méi shōu dào nǐ de xìn.<br>我还没收到你的信。 |

Tip

* '未'는 문장 끝에 쓰여 의문을 어기를 나타내는 것 외에도 '(아직) ~하지 않다'라는 의미도 가지고 있습니다.

② 咗 zho2 ~하게 되었다(변화나 비교를 나타냄)

1) ☺ 긍정문 주어 + 형용사 + 咗(~하게 되었다)

| 광둥어 | 중국어 |
| --- | --- |
| Köü5 leng3 zho2.<br>佢靚咗。 | Tā piào liang le.<br>她漂亮了。 |
| Ging1 zhai3 cha1 zho2.<br>經濟差咗。 | Jīng jì chà le.<br>经济差了。 |

| 영어 | 한국어 |
| --- | --- |
| I have joined an international conference. | 저는 국제회의에 참석했어요. |

| 영어 | 한국어 |
| --- | --- |
| I still have not received your letter. | 저는 아직 당신의 편지를 받지 못했어요. |

| 영어 | 한국어 |
| --- | --- |
| She became more beautiful. | 그녀는 예뻐졌어요. |
| The economy became worse. | 경기가 나빠졌어요. |

### ③ 有 yau5 있다, ~이 있다(소유 및 존재의 의미를 나타냄)

1) 의문문 주어 + 有冇(~이 있는지, 없는지) + 동사 + 過(~한 적 있다) + 목적어 + 呀?

| 광둥어 | 중국어 |
|---|---|
| Nei5 yau5 mou5 gin3 gwo3 Chan4 sin1 saang1 a3?<br>你有冇見過陳先生呀? | Nǐ yǒu méi yǒu jiàn guo Chén xiān sheng a?<br>你有没有见过陈先生啊? |

2) 긍정문 有(있다), 주어 + 有(~이 있다) + 동사 + 過(~한 적 있다) + 목적어

| 광둥어 | 중국어 |
|---|---|
| Yau5, ngo5 yau5 gin3 gwo3 Chan4 sin1 saang1.<br>有，我有見過陳先生。 | Yǒu, wǒ yǒu jiàn guo Chén xiān sheng.<br>有，我有见过陈先生。 |

3) 부정문 冇(없다), 주어 + 冇(~이 없다) + 동사 + 過(~한 적 있다) + 목적어

| 광둥어 | 중국어 |
|---|---|
| Mou5, ngo5 mou5 gin3 gwo3 Chan4 sin1 saang1.<br>冇，我冇見過陳先生。 | Méi yǒu, wǒ méi yǒu jiàn guo Chén xiān sheng.<br>没有，我没有见过陈先生。 |

Lesson 1

| 영어 | 한국어 |
| --- | --- |
| Have you met Mr. Chan? | 당신은 진 선생님을 뵌 적 있나요, 뵌 적 없나요? |

| 영어 | 한국어 |
| --- | --- |
| Yes, I have met Mr. Chan. | 있어요, 저는 진 선생님을 뵌 적 있어요. |

| 영어 | 한국어 |
| --- | --- |
| No, I have not met Mr. Chan. | 없어요, 저는 진 선생님을 뵌 적 없어요. |

## ④ 過 gwo3 ~한 적 있다(과거의 경험을 나타냄)

1) 의문문 주어 + 동사 + 過(~한 적 있다) + 목적어 + 未(~하지 않다) + 呀?

| 광둥어 | 중국어 |
|---|---|
| Nei5 tai2 gwo3 nei1 fan6 zhi1 liu2 mei6 a3?<br>你睇過呢份資料未呀? | Nǐ kàn guo zhè fèn zī liào méi a?<br>你看过这份资料没啊? |

2) 긍정문 주어+ 동사 + 過(~한 적 있다) + 목적어

| 광둥어 | 중국어 |
|---|---|
| Ngo5 tai2 gwo3 nei1 fan6 zhi1 liu2.<br>我睇過呢份資料。 | Wǒ yǐ kàn guo zhè fèn zī liào.<br>我已看过这份资料。 |

3) 부정문 주어 + 未 / 重未(아직 ~하지 않다) + 동사 + 過(~한 적 있다) + 목적어

| 광둥어 | 중국어 |
|---|---|
| Ngo5 mei6 tai2 gwo3 nei1 fan6 zhi1 liu2.<br>我未睇過呢份資料。 | Wǒ méi kàn guo zhè fèn zī liào.<br>我没看过这份资料。 |

Lesson 1

| 영어 | 한국어 |
|---|---|
| Have you ever read this document? | 당신은 이 자료를 본 적 있나요? |

| 영어 | 한국어 |
|---|---|
| I have read this document before. | 저는 이 자료를 본 적 있어요. |

| 영어 | 한국어 |
|---|---|
| I have not read this document before. | 저는 이 자료를 본 적 없어요. |

## 1 咗 zho$^{2}$ ~했다(동작이 완료됐음으로 나타냄)

| | 광동어 | 중국어 |
|---|---|---|
| 1 | Ngo$^{5}$ söng$^{6}$ go$^{3}$ lai$^{5}$ baai$^{3}$ höü$^{3}$ zho$^{2}$ Yat$^{6}$ bun$^{2}$ ge$^{3}$ zhung$^{2}$ gung$^{1}$ si$^{1}$.<br>我上個禮拜去咗日本嘅總公司。 | Wǒ shàng ge xīng qī qù le Rì běn de zǒng gōng sī.<br>我上个星期去了日本的总公司。 |
| 2 | Nei$^{5}$ sau$^{1}$ zho$^{2}$ gei$^{2}$ do$^{1}$ chin$^{2}$ fa$^{1}$ hung$^{4}$ a$^{3}$?<br>你收咗幾多錢花紅呀？ | Nǐ shōu le duō shao jiǎng jīn a?<br>你收了多少奖金啊？ |
| 3 | Ngo$^{5}$ sung$^{3}$ cho$^{3}$ zho$^{2}$ man$^{4}$ gin$^{6}$.<br>我送錯咗文件。 | Wǒ sòng cuò wén jiàn le.<br>我送错文件了。 |
| 4 | Chan$^{4}$ sin$^{1}$ saang$^{1}$ söng$^{6}$ go$^{3}$ lai$^{5}$ baai$^{3}$ höü$^{3}$ zho$^{2}$ Zhung$^{1}$ gwok$^{3}$ chöt$^{1}$ chaai$^{1}$.<br>陳先生上個禮拜去咗中國出差。 | Chén xiān sheng shàng ge xīng qī qù le Zhōng guó chū chāi.<br>陈先生上个星期去了中国出差。 |

| 영어 | 한국어 |
|---|---|
| I went to the headquarter in Japan last week. | 저는 지난주에 일본 본사에 갔어요. |
| How much salary bonus have you received? | 당신은 상여금을 얼마 받았어요? |
| I have sent the wrong document by mistake. | 제가 문서를 잘못 보냈어요. |
| Mr. Chan went on a business trip to China last week. | 진 선생님은 지난주에 중국 출장을 갔어요. |

## 1 咗 zho² ~했다(동작이 완료됐음으로 나타냄)

| | 광둥어 | 중국어 |
|---|---|---|
| 5 | Köü⁵ löng⁵ go³ zhung¹ tau⁴ chin⁴ dou³ zho² Yat⁶ bun².<br>佢兩個鐘頭前到咗日本。 | Tā liǎng ge xiǎo shí qián dào le Rì běn.<br>他两个小时前到了日本。 |
| 6 | Ngo⁵ hai² Höng¹ gong² ge³ fan¹ gung¹ si¹ zhou⁶ zho² löng⁵ nin⁴ ye⁵.<br>我喺香港嘅分公司做咗兩年嘢。 | Wǒ zài Xiāng gǎng de fēn gōng sī gōng zuò le liǎng nián.<br>我在香港的分公司工作了两年。 |
| 7 | Ngo⁵ dang² zho² yat¹ go³ zhung¹, daan⁶ hai⁶ ging¹ lei⁵ zhung⁶ mei⁶ lai⁴.<br>我等咗一個鐘，<br>但係經理重未嚟。 | Wǒ děng le yí ge xiǎo shí, dàn shì jīng lǐ hái méi yǒu lái.<br>我等了一个小时，<br>但是经理还没有来。 |
| 8 | Köü⁵ ng⁵ dim² yi⁵ ging¹ fong³ zho² gung¹.<br>佢五點已經放咗工。 | Tā wǔ diǎn yǐ jīng xià bān le.<br>他五点已经下班了。 |

| 영어 | 한국어 |
| --- | --- |
| He arrived in Japan 2 hours ago. | 그는 두 시간 전에 일본에 도착했어요. |
| I have worked at the Hong Kong branch for 2 years. | 저는 홍콩 지사에서 2년 동안 일했어요. |
| I have already waited for an hour, but the manager still has not arrived. | 저는 한 시간 동안 기다렸지만, 부장님은 아직 안 오셨어요. |
| He already left the office at 5. | 그는 다섯 시에 이미 퇴근했어요. |

## 2 咗 zho² ~하게 되었다(변화나 비교를 나타냄)

| | 광둥어 | 중국어 |
|---|---|---|
| 1 | Yan¹ wai⁶ zhöü³ gan⁶ ging¹ zhai³ hou² zho², so² yi⁵ gung¹ si¹ lei⁶ yön⁶ do¹ zho².<br>因為最近經濟好咗，<br>所以公司利潤多咗。 | Yīn wèi zuì jìn jīng jì hǎo le, suǒ yǐ gōng sī lì rùn duō le.<br>因为最近经济好了，<br>所以公司利润多了。 |
| 2 | Yan¹ wai⁶ Chan⁴ sin¹ saang¹ beng⁶ zho², so² yi⁵ sau³ zho² hou² do¹.<br>因為陳先生病咗，<br>所以瘦咗好多。 | Yīn wèi Chén xiān sheng bìng le, suǒ yǐ shòu le hěn duō.<br>因为陈先生病了，<br>所以瘦了很多。 |
| 3 | Ngo⁵ zhöü³ gan⁶ zhung¹ yi³ zho² faan¹ gung¹.<br>我最近鐘意咗返工。 | Wǒ zuì jìn xǐ huan shàng le shàng bān.<br>我最近喜欢上了上班。 |

| 영어 | 한국어 |
|---|---|
| Our company has earned more profits because the economy has become better recently. | 최근 경기가 좋아져서 회사 이윤도 늘었어요. |
| Mr. Chan got much slimmer because he got sick. | 진 선생님은 몸이 좋지 않아서 살이 많이 빠졌어요. |
| I have become fond of my job recently. | 저는 요즘 출근하는 게 좋아졌어요. |

## 2 咗 zho2 ~하게 되었다(변화나 비교를 나타냄)

| | 광둥어 | 중국어 |
|---|---|---|
| 4 | Dim2 gaai2 nei5 fei4 zho2 gam3 do1 ge2?<br>點解你肥咗咁多嘅？ | Nǐ zěn me pàng le nà me duō?<br>你怎么胖了那么多？ |
| 5 | Yan1 wai6 zhi1 liu2 gau6 zho2,<br>so2 yi5 ngo5 yi4 ga1 gang1 san1 gan2.<br>因為資料舊咗，<br>所以我而家更新緊。 | Yīn wèi zī liào jiù le,<br>suǒ yǐ wǒ xiàn zài zhèng zài gēng xīn.<br>因为资料旧了，<br>所以我现在正在更新。 |
| 6 | Yan1 wai6 yün4 choi4 liu2 gwai3 zho2,<br>so2 yi5 ga3 gaak3 gou1 zho2.<br>因為原材料貴咗，<br>所以價格高咗。 | Yīn wèi yuán cái liào guì le,<br>suǒ yǐ jià gé gāo le.<br>因为原材料贵了，<br>所以价格高了。 |
| 7 | Nei5 ge3 Gwong2 dung1 wa2 hou2 zho2.<br>你嘅廣東話好咗。 | Nǐ de Guǎng dōng huà jìn bù le.<br>你的广东话进步了。 |

| 영어 | 한국어 |
|---|---|
| Why have you become so fat? | 당신은 왜 그렇게 살이 쪘어요? |
| As the information has got outdated, I am updating it now. | 자료들이 오래돼서 제가 지금 업데이트하고 있어요. |
| As the raw material has got more expensive, the product price has gone up. | 원자재가 비싸져서 가격이 올랐어요. |
| Your Cantonese has got better. | 당신의 광둥어 실력이 늘었어요. |

## 3 有 yau5 있다, ~이 있다(소유 및 존재의 의미를 나타냄)

| | 광둥어 | 중국어 |
|---|---|---|
| 1 | Hai2 wui6 yi5 dou6 nei5 yau5 mou5 teng1 dou2 mat1 ye5 hou2 ge3 gin3 yi5 a3?<br>喺會議度你有冇聽倒乜嘢好嘅建議呀？<br><br>Mou5 a3, teng1 m4 dou2.<br>冇呀，聽唔倒。 | Zài huì yì zhōng nǐ yǒu tīng dào shén me hǎo de jiàn yì ma?<br>在会议中你有听到什么好的建议吗？<br><br>Méi yǒu tīng dào.<br>没有听到。 |
| 2 | Nei5 yau5 mou5 sung3 saang1 yat6 lai5 mat6 bei2 ging1 lei5 a3?<br>你有冇送生日禮物俾經理呀？<br><br>Yau5 a3, ngo5 sung3 zho2.<br>有呀，我送咗。 | Nǐ yǒu méi yǒu sòng shēng rì lǐ wù gěi jīng lǐ a?<br>你有没有送生日礼物给经理啊？<br><br>Yǒu a, wǒ sòng le.<br>有啊，我送了。 |

| 영어 | 한국어 |
|---|---|
| Did you hear any good suggestion in the conference?<br><br>No, I didn't hear any. | 회의 중에 괜찮은 제안 받은 것 있나요?<br><br>아니요, 못 받았어요. |
| Did you give the manager any birthday present?<br><br>Yes, I gave him. | 당신은 부장님께 생일 선물을 드렸나요, 드리지 않았나요?<br><br>네, 드렸어요. |

## 3 有 yau$^5$ 있다, ~이 있다(소유 및 존재의 의미를 나타냄)

| | 광둥어 | 중국어 |
|---|---|---|
| 3 | Nei$^5$ yau$^5$ mou$^5$ daai$^3$ zhe$^1$ a$^3$?<br>你有冇帶遮呀？<br><br>Yau$^5$ a$^3$, ngo$^5$ daai$^3$ zho$^2$.<br>有呀，我帶咗。 | Nǐ yǒu dài sǎn ma?<br>你有带伞吗？<br><br>Yǒu a, wǒ dài le.<br>有啊，我带了。 |
| 4 | Yau$^5$ mou$^5$ tung$^4$ pang$^4$ yau$^5$ höü$^3$ bin$^1$ dou$^6$ waan$^2$ a$^3$?<br>有冇同朋友去邊度玩呀？<br><br>Yau$^5$ a$^3$, höü$^3$ zho$^2$ Saan$^1$ deng$^2$.<br>有呀，去咗山頂。 | Yǒu méi yǒu gēn péng you qù nǎ li wánr a?<br>有没有跟朋友去哪里玩儿啊？<br><br>Yǒu a, qù le Shān dǐng.<br>有啊，去了山顶。 |
| 5 | Cham$^4$ maan$^5$ yau$^5$ mou$^5$ höü$^3$ bin$^1$ dou$^6$ a$^3$?<br>噚晚有冇去邊度呀？<br><br>Mou$^5$ a$^3$, yan$^1$ wai$^6$ ga$^1$ baan$^1$.<br>冇呀，因為加班。 | Zuó wǎn yǒu méi yǒu qù nǎ li a?<br>昨晚有没有去哪里啊？<br><br>Méi yǒu a, yīn wèi yào jiā bān.<br>没有啊，因为要加班。 |

| 영어 | 한국어 |
|---|---|
| Did you bring your umbrella?<br><br>Yes, I brought it already. | 당신은 우산 가져왔어요?<br><br>네, 가져왔어요. |
| Did you go anywhere with your friends to have fun?<br><br>Yes, we went to the Peak. | 친구랑 어디 놀러 갔나요, 가지 않았나요?<br><br>네, 빅토리아 피크에 갔어요. |
| Did you go anywhere last night?<br><br>No, because I worked overtime. | 어젯밤에 어디 갔나요, 가지 않았나요?<br><br>안 갔어요, 야근해야 했어서요. |

## 4 過 gwo$^{3}$ ~한 적 있다(과거의 경험을 나타냄)

| | 광둥어 | 중국어 |
|---|---|---|
| 1 | Ngo$^{5}$ mei$^{6}$ gin$^{3}$ gwo$^{3}$ zhung$^{2}$ ging$^{1}$ lei$^{5}$.<br>我未見過總經理。 | Wǒ méi yǒu jiàn guo zǒng jīng lǐ.<br>我没有见过总经理。 |
| 2 | Nei$^{5}$ yam$^{2}$ gwo$^{3}$ zhau$^{2}$ mei$^{6}$ a$^{3}$?<br>你飲過酒未呀？ | Nǐ hē guo jiǔ méi yǒu a?<br>你喝过酒没有啊？ |
| 3 | Nei$^{5}$ da$^{2}$ gwo$^{3}$ go$^{1}$ yi$^{5}$ fu$^{1}$ kau$^{4}$ mei$^{6}$ a$^{3}$?<br>你打過哥爾夫球未呀？ | Nǐ dǎ guo gāo ěr fū qiú méi yǒu a?<br>你打过高尔夫球没有啊？ |
| 4 | Nei$^{5}$ yau$^{5}$ mou$^{5}$ höü$^{3}$ gwo$^{3}$ Hon$^{4}$ gwok$^{3}$ hoi$^{1}$ wui$^{2}$ a$^{3}$?<br>你有冇去過韓國開會呀？<br><br>Yau$^{5}$ a$^{3}$, ngo$^{5}$ yau$^{5}$ höü$^{3}$ gwo$^{3}$.<br>有呀，我有去過。 | Nǐ yǒu méi yǒu qù guo Hán guó kāi huì a?<br>你有没有去过韩国开会啊？<br><br>Yǒu a, wǒ yǒu qù guo.<br>有啊，我有去过。 |

| 영어 | 한국어 |
|---|---|
| I have never met the general manager. | 저는 사장님을 뵌 적 없어요. |
| Have you ever drunk alcohol? | 당신은 술 마셔 본 적 있어요? |
| Have you ever played golf? | 당신은 골프 쳐 본 적 있어요? |
| Have you ever joined a conference in Korea?<br><br>Yes, I have joined it before. | 당신은 회의하러 한국에 가 본 적 있어요?<br><br>네, 가 본 적 있어요. |

## 4 過 gwo$^3$ ~적 있다(과거의 경험을 나타냄)

| | 광둥어 | 중국어 |
|---|---|---|
| 5 | Nei$^5$ yau$^5$ mou$^5$ gin$^3$ gwo$^3$ ging$^1$ lei$^5$ go$^3$ nöü$^2$ a$^3$?<br>你有冇見過經理個女呀？<br><br>Yau$^5$ a$^3$, söng$^6$ go$^3$ yüt$^6$ gin$^3$ gwo$^3$.<br>有呀，上個月見過。 | Nǐ yǒu jiàn guo jīng lǐ de nǚ ér ma?<br>你有见过经理的女儿吗？<br><br>Yǒu a, shàng ge yuè jiàn guo.<br>有啊，上个月见过。 |
| 6 | Nei$^5$ yau$^5$ mou$^5$ höü$^3$ gwo$^3$ go$^2$ gaan$^1$ baak$^3$ fo$^3$ gung$^1$ si$^1$ maai$^5$ ye$^5$ a$^3$?<br>你有冇去過嗰間<br>百貨公司買嘢呀？<br><br>Mou$^5$ a$^3$, ngo$^5$ mou$^5$ höü$^3$ gwo$^3$.<br>冇呀，我冇去過。 | Nǐ yǒu méi yǒu qù guo nà jiān bǎi huò gōng sī mǎi dōng xi a?<br>你有没有去过那间<br>百货公司买东西啊？<br><br>méi yǒu a, wǒ méi qù guo.<br>没有啊，我没去过。 |
| 7 | Nei$^5$ yau$^5$ mou$^5$ cho$^5$ gwo$^3$ din$^6$ che$^1$ a$^3$?<br>你有冇坐過電車呀？<br><br>Yau$^5$ a$^3$, ngo$^5$ yau$^5$ cho$^5$ gwo$^3$.<br>有呀，我有坐過。 | Nǐ yǒu méi yǒu zuò guo diàn chē a?<br>你有没有坐过电车啊？<br><br>Yǒu a, wǒ yǒu zuò guo.<br>有啊，我有坐过。 |

| 영어 | 한국어 |
|---|---|
| Have you ever met the manager's daughter before?<br><br>Yes, I met her last month. | 당신은 부장님 딸을 본 적 있어요?<br><br>네, 지난달에 본 적 있어요. |
| Have you ever shopped in that department store?<br><br>No, I have never been there. | 당신은 물건을 사러 저 백화점에 가 본 적 있어요?<br><br>아니요, 저는 가 본 적 없어요. |
| Have you ever taken a tram?<br><br>Yes, I have taken it before. | 당신은 트램을 타 본 적 있어요?<br><br>네, 저는 타 본 적 있어요. |

| | 광둥어 |
|---|---|
|  田中小姐 | Chan$^{4}$ sin$^{1}$ saang$^{1}$, hou$^{2}$ noi$^{6}$ mou$^{5}$ gin$^{3}$ la$^{3}$.<br>陳先生，好耐冇見喇。 |
|  陳先生 | Hai$^{6}$ a$^{3}$, hou$^{2}$ noi$^{6}$ mou$^{5}$ gin$^{3}$ la$^{3}$. Nei$^{5}$ ga$^{3}$ kei$^{4}$ zhou$^{6}$ zho$^{2}$ di$^{1}$ mat$^{1}$ ye$^{5}$ a$^{3}$?<br>係呀，好耐冇見喇。你假期做咗啲乜嘢呀？ |
|  田中小姐 | Ngo$^{5}$ höü$^{3}$ zho$^{2}$ Zhung$^{1}$ gwok$^{3}$ chöt$^{1}$ chaai$^{1}$.<br>我去咗中國出差。 |
|  陳先生 | Hai$^{6}$ a$^{4}$. Nei$^{5}$ höü$^{3}$ zho$^{2}$ Zhung$^{1}$ gwok$^{3}$ ge$^{3}$ bin$^{1}$ dou$^{6}$ a$^{3}$?<br>係呀。你去咗中國嘅邊度呀？ |
|  田中小姐 | Ngo$^{5}$ höü$^{3}$ zho$^{2}$ Bak$^{1}$ ging$^{1}$ tung$^{4}$ Söng$^{6}$ hoi$^{2}$.<br>我去咗北京同上海。 |

## 중국어

田中小姐

Chén xiān sheng, hǎo jiǔ bú jiàn.
陈先生，好久不见。

陈先生

Shì a, hǎo jiǔ bú jiàn. Nǐ zài jià qī li zuò le xiē shén me a?
是啊，好久不见。你在假期里做了些什么啊？

田中小姐

Wǒ qù Zhōng guó chū chāi le.
我去中国出差了。

陈先生

Shì a. Nǐ qù le Zhōng guó de nǎ ge dì fang a?
是啊。你去了中国的哪个地方啊？

田中小姐

Wǒ qù le Běi jīng gēn Shàng hǎi.
我去了北京跟上海。

### 해석

미스 다나카: 진 선생님, 오랜만이에요.

진 선생님 : 그러네요. 오랜만이에요. 당신은 휴가 때 무엇을 하셨어요?

미스 다나카: 저는 중국 출장을 갔어요.

진 선생님 : 그렇군요. 당신은 중국의 어느 곳에 가셨어요?

미스 다나카: 저는 베이징이랑 상하이에 갔어요.

## 광둥어

陳先生

Yi$^{2}$? Nei$^{5}$ yat$^{1}$ go$^{3}$ yan$^{4}$ höü$^{3}$ a$^{4}$?
咦？你一個人去呀?

田中小姐

M$^{4}$ hai$^{6}$, ngo$^{5}$ tung$^{4}$ löng$^{5}$ go$^{3}$ Yat$^{6}$ bun$^{2}$ tung$^{4}$ si$^{6}$ yat$^{1}$ chai$^{4}$ höü$^{3}$.
唔係，我同兩個日本同事一齊去。

陳先生

Hai$^{6}$ a$^{4}$. Nei$^{5}$ yau$^{5}$ mou$^{5}$ maai$^{5}$ mat$^{1}$ ye$^{5}$ sau$^{2}$ sön$^{3}$ a$^{3}$?
係呀。你有冇買乜嘢手信呀?

田中小姐

Mou$^{5}$ a$^{3}$, mat$^{1}$ ye$^{5}$ dou$^{1}$ mou$^{5}$ maai$^{5}$.
冇呀，乜嘢都冇買。

陳先生

Yi$^{2}$? Dim$^{2}$ gaai$^{2}$ m$^{4}$ maai$^{5}$ a$^{3}$?
咦？點解唔買呀?

田中小姐

Yan$^{1}$ wai$^{6}$ ngo$^{5}$ dei$^{6}$ m$^{4}$ gau$^{3}$ si$^{4}$ gaan$^{3}$ lo$^{1}$.
因為我哋唔夠時間囉。

| | 중국어 |
|---|---|
| <br>陈先生 | Yí? Nǐ yí ge rén qù ɑ?<br>咦？你一个人去啊？ |
| <br>田中小姐 | Bú shì, wǒ gēn liǎng ge Rì běn tóng shì yì qǐ qù.<br>不是，我跟两个日本同事一起去。 |
| <br>陈先生 | Shì ɑ. Nǐ yǒu méi yǒu mǎi shén me shǒu xìn ɑ?<br>是啊。你有没有买什么手信啊？ |
| <br>田中小姐 | Méi yǒu ɑ, shén me dōu méi mǎi.<br>没有啊，什么都没买。 |
| <br>陈先生 | Yí? Wèi shén me bù mǎi ɑ?<br>咦？为什么不买啊？ |
| <br>田中小姐 | Yīn wèi wǒ men shí jiān bú gòu.<br>因为我们时间不够。 |

**해석**

진 선생님 : 아? 당신 혼자 갔나요?

미스 다나카: 아니요, 저는 일본인 직장 동료 두 명과 같이 갔어요.

진 선생님 : 그렇군요. 당신은 무슨 기념품을 사셨어요?

미스 다나카: 아니요, 아무것도 안 샀어요.

진 선생님 : 아? 왜 안 사셨어요?

미스 다나카: 저희가 시간이 부족했거든요.

**1** 다음 제시된 발음을 보고 광둥어로 써 보세요.

예시 Nei$^5$ dou$^3$ zho$^2$ Höng$^1$ gong$^2$ mei$^6$ a$^3$? 당신은 홍콩에 도착했나요?

➡ 你到咗香港未呀?

① Nei$^5$ cham$^4$ yat$^6$ höü$^3$ zho$^2$ bin$^1$ dou$^6$ a$^3$? 당신은 어제 어디 갔나요?

➡ ____________________?

② Nei$^5$ yau$^5$ mou$^5$ hok$^6$ gwo$^3$ Gwong$^2$ dung$^1$ wa$^2$ a$^3$?

당신은 광둥어를 배운 적 있나요, 배운 적 없나요?

➡ ____________________?

③ Yan$^1$ wai$^6$ zhi$^1$ liu$^2$ gau$^6$ zho$^2$, so$^2$ yi$^5$ ngo$^5$ yi$^4$ ga$^1$ gang$^1$ san$^1$ gan$^2$.

자료들이 오래돼서 제가 지금 업데이트하고 있어요.

➡ ____________________。

④ Nei$^5$ ni$^1$ go$^3$ lai$^5$ baai$^3$ yau$^5$ mou$^5$ ga$^1$ baan$^1$ a$^3$?

당신은 이번 주에 야근을 하나요, 하지 않나요?

➡ ____________________?

⑤ Nei$^5$ da$^2$ gwo$^3$ go$^1$ yi$^5$ fu$^1$ kau$^4$ mei$^6$ a$^3$? 당신은 골프 쳐 본 적 있어요?

➡ ____________________?

⑥ Dim$^2$ gaai$^2$ nei$^5$ fei$^4$ zho$^2$ gam$^3$ do$^1$ ge$^2$? 당신은 왜 그렇게 살이 쪘어요?

➡ ____________________?

## 2 다음 단어를 올바르게 배열하여 문장을 만들어 보세요.

예시 呀 / 去 / 你 / 日本 / 有冇 / 過　당신은 일본에 가 본 적 있나요, 가 본 적 없나요?

→ 你有冇去過日本呀?

① 收咗 / 你 / 錢 / 花紅 / 幾多 / 呀　당신은 상여금을 얼마 받았어요?

→ ________________________________?

② 過 / 去 / 我 / 香港 / 上個月　저는 지난달에 홍콩에 간 적 있어요.

→ ________________________________。

③ 未呀 / 嘅 / 睇咗 / 會議 / 文件 / 你　당신은 회의 문서를 봤나요?

→ ________________________________?

④ 不過 / 旅行 / 買 / 我 / 去咗 / 手信 / 冇　저는 여행을 갔지만 기념품은 사지 않았어요.

→ ________________________________。

⑤ 咗 / 廣東話 / 嘅 / 好 / 你　당신의 광둥어 실력이 늘었어요.

→ ________________________________。

⑥ 送 / 我 / 錯 / 文件 / 咗　제가 문서를 잘못 보냈어요.

→ ________________________________。

**3** 다음 주어진 대화문을 읽고 질문에 광둥어로 답해 보세요.

Ⓐ : 好耐冇見，你去咗邊度呀？
Ⓑ : 我去咗韓國出差。
Ⓐ : 你去咗幾耐呀？
Ⓑ : 我去咗一個星期。
Ⓐ : 你之前有冇去過韓國呀？
Ⓑ : 有呀，我之前去過四次韓國。不過我四次都冇買手信。
Ⓐ : 點解你冇買手信呀？
Ⓑ : 因為唔夠時間買囉。

① B는 어디에 갔었나요?

➡ ______________________________。

② B는 그곳에 얼마나 머물렀나요?

➡ ______________________________。

③ B는 예전에 한국에 가 본 적 있나요?

➡ ______________________________。

④ B는 한국에 몇 번 가 봤나요?

➡ ______________________________。

⑤ B는 기념품을 샀나요?

➡ ______________________________。

⑥ B는 왜 기념품을 사지 않았나요?

➡ ______________________________。

**4** 다음 주어진 단어를 활용하여 빈칸에 알맞게 답을 써 보세요.

보기 咗 | 過 | 冇



① 我唔見 ______ 銀包。

제 지갑이 안 보여요.

② 我見 ______ 經理一次，不過未見 ______ 老闆。

저는 부장님은 한 번 뵌 적 있지만, 사장님은 뵌 적 없어요.

③ 佢上個月去 ______ 出差，不過 ______ 買手信。

그/그녀는 지난달에 출장을 갔지만, 기념품은 사지 않았어요.

④ 我有學 ______ 廣東話，不過佢哋 ______ 學 ______。

저는 광둥어를 배운 적이 있지만, 그들/그녀들은 배운 적이 없어요.

⑤ 會議開 ______ 好耐，夜晚八點都重未完。

회의를 시작한 지 오래되었어요. 저녁 여덟 시인데도 아직 끝나지 않았어요.

⑥ 香港嘅經濟好 ______，不過公司 ______ 加人工。

홍콩의 경기는 좋아졌지만, 회사 임금은 오르지 않았어요.

# Lesson 2

Ngo⁵ ying² yan³ saai³ di¹ man⁴ gin² la³

# 我影印晒啲文件喇。

저는 문서들을 다 복사했어요.

## 단어 알아보GO!

| | 광둥어 | 중국어 | 영어 | 한국어 |
|---|---|---|---|---|
| 1 | gong² 講 | shuō 说 | Talk, speak | 동 말하다 |
| 2 | se² 寫 | xiě 写 | Write | 동 쓰다 |
| 3 | zhau² 走 | zǒu 走 | Leave | 동 가다, 걷다, 떠나다 |
| 4 | maai⁶ 賣 | mài 卖 | Sell | 동 팔다 |
| 5 | zhe³ 借 | jiè 借 | Borrow, lend | 동 빌리다, 빌려주다 |
| 6 | dou³ 到 | dào 到 | Arrive | 동 도착하다 |
| 7 | sung³ 送 | sòng 送 | Send, give | 동 보내다, 주다 |
| 8 | yung⁶ 用 | yòng 用 | Use | 동 사용하다 |
| 9 | goi² 改 | gǎi 改 | Correct, revise, edit | 동 고치다, 수정하다 |

| | 광둥어 | 중국어 | 영어 | 한국어 |
|---|---|---|---|---|
| 10 | faan$^{1}$ (nguk$^{1}$ kei$^{2}$)<br>返(屋企) | huí (jiā)<br>回(家) | Go back (home) | (동) (집에) 돌아가다 |
| 11 | zhön$^{2}$ bei$^{6}$<br>準備 | zhǔn bèi<br>准备 | Get ready | (동) 준비하다 |
| 12 | yau$^{1}$ sik$^{1}$<br>休息 | xiū xi<br>休息 | Rest | (동) 쉬다 |
| 13 | ying$^{2}$ yan$^{3}$<br>影印 | fù yìn<br>复印 | Photocopy | (동) 복사하다 |
| 14 | söng$^{5}$ tong$^{4}$<br>上堂 | shàng kè<br>上课 | Attend lessons | (동) 수업하다 |
| 15 | yap$^{6}$ zhi$^{1}$ piu$^{3}$<br>入支票 | cún zhī piào<br>存支票 | Bank in a cheque | 수표를 입금하다 |
| 16 | zhiu$^{1}$ san$^{1}$ gu$^{2}$<br>招新股 | zhāo xīn gǔ<br>招新股 | Issuance,<br>allocation of shares | 신주 발행 |
| 17 | lün$^{4}$ lok$^{3}$<br>聯絡 | lián luò<br>联络 | Contact | (동) 연락하다 |
| 18 | ngo$^{5}$ dei$^{6}$ gung$^{1}$ si$^{1}$<br>我哋公司 | wǒ men gōng sī<br>我们公司 | Our company | 자사, 우리 회사 |
| 19 | gwai$^{3}$ gung$^{1}$ si$^{1}$<br>貴公司 | guì gōng sī<br>贵公司 | Your company | 귀사 |
| 20 | gu$^{2}$ piu$^{3}$<br>股票 | gǔ piào<br>股票 | Shares, stocks | (명) 주식 |
| 21 | gu$^{2}$ ga$^{3}$<br>股價 | gǔ jià<br>股价 | Share price,<br>stock price | (명) 주가 |
| 22 | gin$^{3}$ yi$^{5}$ sü$^{1}$<br>建議書 | jiàn yì shū<br>建议书 | Proposal | (명) 제안서 |
| 23 | san$^{1}$ ching$^{2}$ sü$^{1}$<br>申請書 | shēn qǐng shū<br>申请书 | Application form | (명) 신청서 |

| | 광둥어 | 중국어 | 영어 | 한국어 |
|---|---|---|---|---|
| 24 | bou$^{3}$ gou$^{3}$<br>報告 | bào gào<br>报告 | Report, Presentation | (명) 보고, 보고서<br>(동) 보고하다 |
| 25 | bou$^{3}$ ga$^{3}$ daan$^{1}$<br>報價單 | bào jià dān<br>报价单 | Quotation | (명) 견적서 |
| 26 | lau$^{4}$ ha$^{6}$<br>樓下 | lóu xià<br>楼下 | Downstairs | 1층, 아래층 |
| 27 | fong$^{2}$<br>房 | fáng (jiān)<br>房(间) | Room | (명) 방 |
| 28 | so$^{2}$ yau$^{5}$ / chün$^{4}$ bou$^{6}$<br>所有 / 全部 | suǒ yǒu / quán bù<br>所有 / 全部 | All, in total | (형) 모든<br>(명) 전부 |
| 29 | dat$^{6}$ yin$^{4}$ / fat$^{1}$ yin$^{4}$<br>突然 / 忽然 | tū rán / hū rán<br>突然 / 忽然 | Suddenly | (형) 갑작스럽다<br>(부) 갑자기 |
| 30 | ngaam$^{1}$ ngaam$^{1}$<br>啱啱 | gāng gāng<br>刚刚 | Just, just now | (부) 방금 |
| 31 | tau$^{4}$ sin$^{1}$ / zhing$^{3}$ wa$^{6}$<br>頭先 / 正話 | gāng gāng<br>刚刚 | Just now | (부) 방금 |

## 핵심 표현 익히GO!

| | 광둥어 | 중국어 | 영어 | 한국어 |
|---|---|---|---|---|
| 32 | gam$^{3}$ ngaam$^{1}$ ge$^{2}$!<br>咁啱嘅! | zhè me qiǎo!<br>这么巧! | What a coincidence! | 이런 우연이! |
| 33 | da$^{2}$ gaau$^{2}$ saai$^{3}$.<br>打攪晒。<br>(當去別人家時) | dǎ rǎo le.<br>打扰了。<br>(当去别人家里时) | Excuse me for disturbing. (Upon entering someone's home) | 실례하겠습니다. (다른 사람 집에 들어갈 때) |
| 34 | san$^{1}$ fu$^{2}$ saai$^{3}$.<br>辛苦晒。 | xīn kǔ le.<br>辛苦了。 | Thank you for the hard work. | 수고하셨습니다. |

## 주제별 단어 배우GO!

baau$^{1}$ gwo$^{2}$

包裹

bāo guǒ

包裹

Parcel

소포

faai$^{1}$ lou$^{2}$

快勞

wén jiàn jiā

文件夹

File

파일

sön$^{3}$ fung$^{1}$

信封

xìn fēng

信封

Envelop

편지 봉투

kaat$^{1}$ pin$^{2}$

卡片

míng piàn

名片

Business card

명함

bat$^{1}$ gei$^{3}$

筆記

bǐ jì běn

笔记(本)

Notes

공책, 노트

din$^{6}$ chi$^{4}$

電池

diàn chí

电池

Battery

건전지

deng$^1$ sü$^1$ gei$^1$

釘書機

dīng shū jī

钉书机

Stapler

스테이플러

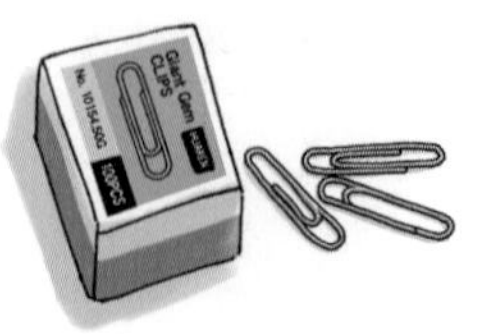

maan$^6$ zhi$^6$ gaap$^2$

萬字夾

qū bié zhēn

曲别针

paper clip

클립

din$^6$ nou$^5$

電腦

diàn nǎo

电脑

Computer

컴퓨터

da$^2$ yan$^3$ gei$^1$

打印機

dǎ yìn jī

打印机

Printer

프린터

ying$^2$ yan$^3$ gei$^1$

影印機

fù yìn jī

复印机

Photocopier

복사기

din$^6$ wa$^2$

電話

diàn huà

电话

Telephone

전화기

fek$^1$ si$^2$ gei$^1$

FAX機

chuán zhēn jī

传真机

FAX

팩스

ying$^{4}$ gwong$^{1}$ bat$^{1}$
螢光筆
yíng guāng bǐ
荧光笔
Highlighter
형광펜

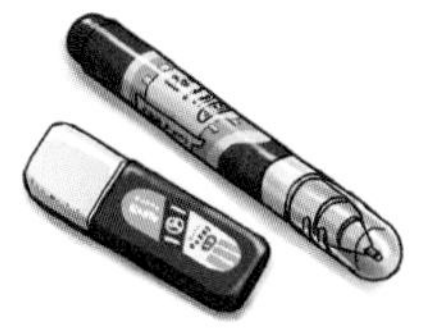

tou$^{4}$ goi$^{2}$ yik$^{6}$
塗改液
xiū zhèng yè
修正液
Correction pen
수정액, 화이트

yün$^{4}$ zhi$^{2}$ bat$^{1}$
原子筆
yuán zhū bǐ
圆珠笔
Ballpoint pen
볼펜

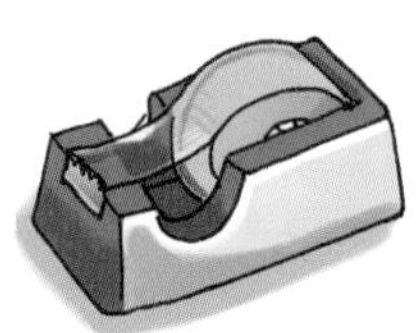

gaau$^{1}$ zhi$^{2}$
膠紙
tòu míng jiāo
透明胶
Sticky tape
투명 테이프

gung$^{1}$ si$^{1}$ yan$^{3}$ (zhöng$^{1}$)
公司印(章)
gōng sī yìn zhāng
公司印章
Company chop
회사 도장

deng$^{1}$ lung$^{1}$ gei$^{1}$
釘窿機
dǎ kǒng jī
打孔机
Puncher
펀치기

gai$^{3}$ sou$^{3}$ gei$^{1}$
計數機
jì suàn qì
计算器
Calculator
계산기

gong$^{2}$

講

shuō

说

Talk, speak

말하다

se$^{2}$

寫

xiě

写

Write

쓰다

zhau$^{2}$

走

zǒu

走

Leave

가다, 걷다, 떠나다

maai$^{6}$

賣

mài

卖

Sell

팔다

goi$^{2}$

改

gǎi

改

Correct, revise, edit

고치다, 수정하다

faan$^{1}$ (nguk$^{1}$ kei$^{2}$)

返(屋企)

huí (jiā)

回(家)

Go back (home)

(집에) 돌아가다

yau$^{1}$ sik$^{1}$

休息

xiū xi

休息

Rest

쉬다

ying$^{2}$ yan$^{3}$

影印

fù yìn

复印

Photocopy

복사하다

söng$^{5}$ tong$^{4}$

上堂

shàng kè

上课

Attend lessons

수업하다

yap$^{6}$ zhi$^{1}$ piu$^{3}$

入支票

cún zhī piào

存支票

Bank in a cheque

수표를 입금하다

lün$^{4}$ lok$^{3}$

聯絡

lián luò

联络

Contact

연락하다

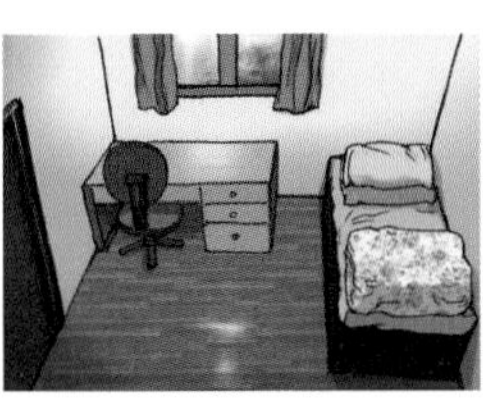

fong$^{2}$

房

fáng (jiān)

房(间)

Room

방

## ① 完 yün$^4$ 다하다, 끝내다(동작의 완료를 나타냄)

### 1) 의문문 주어 + 동사 + 完(다하다, 끝내다) + 목적어 + 未(~하지 않다) + 呀?

| 광둥어 | 중국어 |
|---|---|
| Nei$^5$ goi$^2$ yün$^4$ go$^2$ fan$^6$ man$^4$ gin$^2$ mei$^6$ a$^3$?<br>你改完嗰份文件未呀? | Nǐ gǎi wán nà fèn wén jiàn méi a?<br>你改完那份文件没啊? |

### 2) 긍정문 주어 + 동사 + 完(다하다, 끝내다) + 목적어 + 喇

| 광둥어 | 중국어 |
|---|---|
| Ngo$^5$ goi$^2$ yün$^4$ go$^2$ fan$^6$ man$^4$ gin$^2$ la$^3$.<br>我改完嗰份文件喇。 | Wǒ gǎi wán nà fèn wén jiàn le.<br>我改完那份文件了。 |

### 3) 부정문 주어 + 未 / 重未(아직 ~하지 않다) + 동사 + 完(다하다, 끝내다)

| 광둥어 | 중국어 |
|---|---|
| Ngo$^5$ zhung$^6$ mei$^6$ goi$^2$ yün$^4$.<br>我重未改完。 | Wǒ hái méi gǎi wán.<br>我还没改完。 |

| 영어 | 한국어 |
| --- | --- |
| Have you finished editing that document? | 당신은 그 문서를 다 고쳤나요? |

| 영어 | 한국어 |
| --- | --- |
| I have already finished editing that document. | 저는 그 문서를 다 고쳤어요. |

| 영어 | 한국어 |
| --- | --- |
| I have not finished editing yet. | 저는 아직 다 못 고쳤어요. |

## ② 完……之後就 yün⁴……zhi¹ hau⁶ zhau⁶ ~한 후, (바로) ~하다

1) 😊 긍정문 주어 + 동사 + 完(다하다) + 목적어 + 之后就(~한 후, 바로) + 문장

| 광둥어 | 중국어 |
|---|---|
| Ngo5 hoi1 yün4 wui2 zhi1 hau6 zhau6 faan1 nguk1 kei2.<br>我開完會之後就返屋企。 | Wǒ kāi wán huì zhī hòu jiù huí jiā.<br>我开完会之后就回家。 |

2) 😢 부정문 주어 + 未(~하지 않다) + 동사 + 完(다하다), 주어 + 就(바로) + 문장

| 광둥어 | 중국어 |
|---|---|
| Ngo5 mei6 gong2 yün4, köü5 zhau6 zhau2 zho2.<br>我未講完，佢就走咗。 | Wǒ hái méi shuō wán, tā jiù zǒu le.<br>我还没说完，他就走了。 |

## ③ 晒 saai³ 다하다, 잘하다(어떠한 동작을 완벽하게 끝냈음을 강조)

1) 😲 의문문 주어 + 동사 + 晒(다하다, 잘하다) + 啲(~들) + 목적어 + 未(~하지 않다) + 呀?

| 광둥어 | 중국어 |
|---|---|
| Nei5 ying2 yan3 saai3 di1 man4 gin2 mei6 a3?<br>你影印晒啲文件未呀? | Nǐ fù yìn wán wén jiàn méi a?<br>你复印完文件没啊? |

| 영어 | 한국어 |
|---|---|
| I will go back home after the meeting. | 저는 회의가 끝난 후에 바로 집에 갈 거예요. |

| 영어 | 한국어 |
|---|---|
| I still have not finished talking, but he has already left. | 제 말이 다 끝나지 않았는데, 그는 가 버렸어요. |

| 영어 | 한국어 |
|---|---|
| Have you finished copying the documents? | 당신은 문서들을 다 복사했나요? |

2) 🙂 **긍정문** 주어 + 동사 + 晒(다하다, 잘하다) + 啲(~들) + 목적어 + 喇

| 광둥어 | 중국어 |
|---|---|
| Ngo5 ying2 yan3 saai3 di1 man4 gin2 la3.<br>我影印晒啲文件喇。 | Wǒ fù yìn wán wén jiàn le.<br>我复印完文件了。 |

3) 😢 **부정문** 주어 + 未 / 重未(아직 ~하지 않다) + 동사 + 晒(다하다, 잘하다) + 啲(~들) + 목적어

| 광둥어 | 중국어 |
|---|---|
| Ngo5 zhung6 mei6 ying2 yan3 saai3 di1 man4 gin2.<br>我重未影印晒啲文件。 | Wǒ hái méi fù yìn wán wén jiàn.<br>我还没复印完文件。 |

| 영어 | 한국어 |
|---|---|
| I have finished copying the documents. | 저는 문서들을 다 복사했어요. |

| 영어 | 한국어 |
|---|---|
| I still have not finished copying the documents. | 저는 문서들을 아직 다 복사하지 못했어요. |

## 1 完 yün⁴ 다하다, 끝내다(동작의 완료를 나타냄)

| | 광둥어 | 중국어 |
|---|---|---|
| 1 | Ngo5 sik6 yün4 ngaan3 la3.<br>我食完晏喇。 | Wǒ chī wán wǔ cān le.<br>我吃完午餐了。 |
| 2 | Ngo5 tai2 yün4 gam1 yat6 ge3 bou3 zhi2 la3.<br>我睇完今日嘅報紙喇。 | Wǒ kàn wán jīn tiān de bào zhǐ le.<br>我看完今天的报纸了。 |
| 3 | Ngo5 zhung6 mei6 söng5 yün4 tong4.<br>我重未上完堂。 | Wǒ hái méi shàng wán kè.<br>我还没上完课。 |
| 4 | Ngo5 zhung6 mei6 tai2 yün4 go2 bun2 sü1.<br>我重未睇完嗰本書。 | Wǒ hái méi kàn wán nà běn shū.<br>我还没看完那本书。 |

| 영어 | 한국어 |
|---|---|
| I have finished having my lunch. | 저는 점심을 다 먹었어요. |
| I have finished reading today's newspaper. | 저는 오늘 신문을 다 봤어요. |
| I still have not finished the lesson. | 저는 아직 수업이 다 끝나지 않았어요. |
| I still have not finished reading that book. | 저는 아직 그 책을 다 보지 못했어요. |

## 1 完 yün$^{4}$ 다하다, 끝내다(동작의 완료를 나타냄)

| | 광둥어 | 중국어 |
|---|---|---|
| 5 | Ngo$^{5}$ zhou$^{6}$ yün$^{4}$ so$^{2}$ yau$^{5}$ gung$^{1}$ zhok$^{3}$ la$^{3}$.<br>我做完所有工作喇。 | Wǒ wán chéng suǒ yǒu gōng zuò le.<br>我完成所有工作了。 |
| 6 | Köü$^{5}$ se$^{2}$ yün$^{4}$ fan$^{6}$ bou$^{3}$ gou$^{3}$ mei$^{6}$ a$^{3}$?<br>佢寫完份報告未呀？ | Tā xiě wán bào gào méi a?<br>他写完报告没啊？ |
| 7 | Nei$^{5}$ ying$^{2}$ yan$^{3}$ yün$^{4}$ mei$^{6}$ a$^{3}$?<br>你影印完未呀？ | Nǐ fù yìn wán méi a?<br>你复印完没啊？ |
| 8 | Ngo$^{5}$ ngaam$^{1}$ ngaam$^{1}$ da$^{2}$ yün$^{4}$ din$^{6}$ wa$^{2}$ bei$^{2}$ ging$^{1}$ lei$^{5}$ la$^{3}$.<br>我啱啱打完電話俾經理喇。 | Wǒ gāng gāng gěi jīng lǐ dǎ wán diàn huà le.<br>我刚刚给经理打完电话了。 |
| 9 | Nei$^{5}$ zhön$^{2}$ bei$^{6}$ yün$^{4}$ wui$^{6}$ yi$^{5}$ ge$^{3}$ zhi$^{1}$ liu$^{2}$ mei$^{6}$ a$^{3}$?<br>你準備完會議嘅資料未呀？ | Nǐ zhǔn bèi wán huì yì de zī liào méi a?<br>你准备完会议的资料没啊？ |

| 영어 | 한국어 |
|---|---|
| I have done all my jobs. | 저는 모든 업무를 다 끝냈어요. |
| Has he finished writing the report? | 그는 보고서를 다 썼나요? |
| Have you finished photocopying? | 당신은 복사를 다 했나요? |
| I have just called the manager. | 저는 방금 전 부장님께 전화를 했어요. |
| Have you finished preparing the materials for the conference? | 당신은 회의 자료를 다 준비했나요? |

## 2 完……之後就 yün4……zhi1 hau6 zhau6 ~한 후, (바로) ~하다

| | 광둥어 | 중국어 |
|---|---|---|
| 1 | Ngo5 yam2 yün4 be1 zhau2<br>zhi1 hau6 zhau6 faan1 lai4.<br>我飲完啤酒之後就返嚟。 | Wǒ hē wán pí jiǔ zhī hòu jiù huí lái.<br>我喝完啤酒之后就回来。 |
| 2 | Ngo5 goi2 yün4 fan6 bou3 gou3 zhau6 zhau2 la3.<br>我改完份報告就走喇。 | Wǒ gǎi wán zhè fèn bào gào jiù zǒu le.<br>我改完这份报告就走了。 |
| 3 | Ngo5 dei6 ga1 yün4 baan1<br>zhi1 hau6 zhau6 höü3 yam2 ye5 a1.<br>我哋加完班之後就去飲嘢吖。 | Wǒ men jiā wán bān<br>zhī hòu jiù qù hē dōng xi ba.<br>我们加完班之后就去喝东西吧。 |
| 4 | Köü5 chöt1 chaai1 yün4 faan1 lai4<br>zhi1 hau6 zhau6 sau3 zho2.<br>佢出差完返嚟之後就瘦咗。 | Tā chū chāi huí lái zhī hòu jiù shòu le.<br>他出差回来之后就瘦了。 |

| 영어 | 한국어 |
| --- | --- |
| I will come back after drinking beer. | 저는 맥주를 마신 후에 바로 돌아올게요. |
| I will leave after editing the report. | 저는 이 보고서를 수정한 후에 바로 갈게요. |
| Let's go for a drink after working overtime. | 저희 야근한 후에 뭐 좀 마시러 가요. |
| He has become thinner after coming back from the business trip. | 그는 출장을 갔다온 후에 살이 빠졌어요. |

## 2 完……之後就 yün⁴……zhi¹ hau⁶ zhau⁶ ~한 후, (바로) ~하다

| | 광둥어 | 중국어 |
|---|---|---|
| 5 | Ngo⁵ zhung⁶ mei⁶ se² yün⁴ fan⁶ bou³ gou³, wui⁶ yi⁵ zhau⁶ hoi¹ chi² la³.<br>我重未寫完份報告，<br>會議就開始喇。 | Wǒ hái méi xiě wán zhè fèn bào gào, huì yì jiù kāi shǐ le.<br>我还没写完这份报告，<br>会议就开始了。 |
| 6 | Ngo⁵ lün⁴ lok³ yün⁴ ngan⁴ hong⁴ zhi¹ hau⁶ zhau⁶ zhön² bei⁶ bou³ ga³ daan¹.<br>我聯絡完銀行之後就準備報價單。 | Wǒ lián luò yín háng zhī hòu jiù zhǔn bèi bào jià dān.<br>我联络银行之后就准备报价单。 |
| 7 | Ngo⁵ zhung⁶ mei⁶ bou³ gou³ yün⁴, lou⁵ baan² zhau⁶ zhau² zho² la³.<br>我重未報告完，老闆就走咗喇。 | Wǒ hái méi bào gào wán, lǎo bǎn jiù zǒu le.<br>我还没报告完，老板就走了。 |
| 8 | Ngo⁵ hok⁶ yün⁴ Gwong² dung¹ wa² zhi¹ hau⁶ zhau⁶ hok⁶ Ying¹ man².<br>我學完廣東話之後就學英文。 | Wǒ xué wán Guǎng dōng huà zhī hòu jiù xué Yīng wén.<br>我学完广东话之后就学英文。 |

| 영어 | 한국어 |
| --- | --- |
| The conference started although I still had not finished writing the report. | 제가 아직 이 보고서를 다 쓰지 못했는데, 회의가 시작됐어요. |
| I will prepare the quotation after contacting the bank. | 제가 은행에 연락한 후에 견적서는 준비할게요. |
| My boss had left before I finished my presentation. | 제 보고가 아직 다 끝나지 않았는데, 사장님께서 가 버리셨어요. |
| I will learn English after learning Cantonese. | 저는 광둥어를 다 배운 후에 영어를 배울 거예요. |

## 3 晒 saai³ 다하다, 잘하다(어떠한 동작을 완벽하게 끝냈음을 강조)

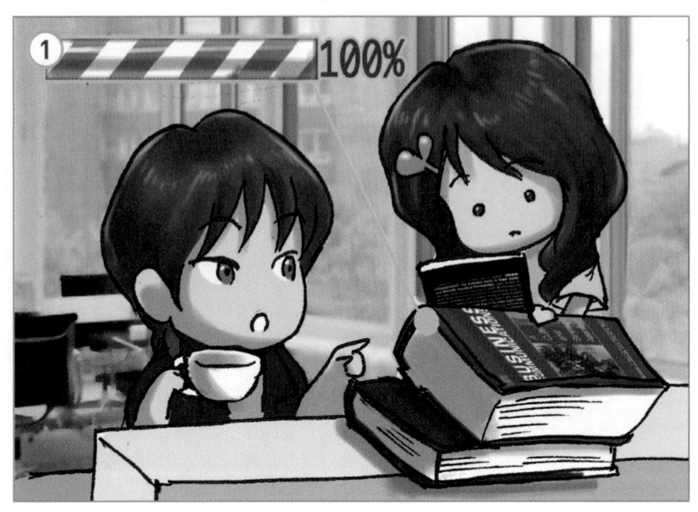


| | 광둥어 | 중국어 |
|---|---|---|
| 1 | Köü⁵ tai² saai³ bun² sü¹ la³.<br>佢睇晒本書喇。 | Tā kàn wán zhè běn shū le.<br>她看完这本书了。 |
| 2 | Ngo⁵ dei⁶ gung¹ si¹ zhiu¹ saai³ san¹ gu² la³.<br>我哋公司招晒新股喇。 | Wǒ men de gōng sī zhāo wán xīn gǔ le.<br>我们的公司招完新股了。 |
| 3 | Ngo⁵ zhe³ saai³ chün⁴ bou⁶ chin² bei² köü⁵.<br>我借晒全部錢俾佢。 | Wǒ bǎ suǒ yǒu qián jiè gěi tā le.<br>我把所有钱借给他了。 |
| 4 | Nei⁵ söng⁶ go³ yüt⁶ sau¹ dou² ge³ fa¹ hung⁴ yung⁶ saai³ mei⁶ a³?<br>你上個月收倒嘅花紅用晒未呀？ | Nǐ shàng ge yuè shōu dào de jiǎng jīn yòng wán méi a?<br>你上个月收到的奖金用完没啊？ |

| 영어 | 한국어 |
| --- | --- |
| She has finished reading the book. | 그녀는 이 책을 다 읽었어요. |
| Our company has finished the share allocation. | 저희 회사는 신주 발행이 다 끝났어요. |
| I have lent all my money to him. | 저는 모든 돈을 다 그에게 빌려줬어요. |
| Have you spent all the salary bonus you received last month? | 당신은 지난달에 받은 상여금을 다 썼나요? |

## 3 晒 saai$^3$ 다하다, 잘하다(어떠한 동작을 완벽하게 끝냈음을 강조)

| | 광둥어 | 중국어 |
|---|---|---|
| 5 | Ngo$^5$ hai$^2$ Yat$^6$ bun$^2$ maai$^5$ ge$^3$ sau$^2$ sön$^3$ yi$^5$ ging$^1$ bei$^2$ saai$^3$ pang$^4$ yau$^5$ la$^3$.<br>我喺日本買嘅手信已經俾晒朋友喇。 | Wǒ zài Rì běn mǎi de lǐ wù yǐ jīng quán gěi péng you le.<br>我在日本买的礼物已经全给朋友了。 |
| 6 | Yan$^1$ wai$^6$ ba$^1$ si$^2$ yi$^5$ ging$^1$ dou$^3$ zho$^2$ zhung$^2$ zhaam$^6$, so$^2$ yi$^5$ chün$^4$ bou$^6$ yan$^4$ lok$^6$ saai$^3$ che$^1$ la$^3$.<br>因為巴士已經到咗總站，<br>所以全部人落晒車喇。 | Yīn wèi bā shì yǐ jīng dào zhōng diǎn zhàn le, suǒ yǐ quán bù rén dōu xià chē le.<br>因为巴士已经到终点站了，<br>所以全部人都下车了。 |
| 7 | Ngo$^5$ zhung$^6$ mei$^6$ zhou$^6$ saai$^3$ di$^1$ gung$^1$ zhok$^3$.<br>我重未做晒啲工作。 | Wǒ hái méi wán chéng gōng zuò.<br>我还没完成工作。 |
| 8 | Di$^1$ zhe$^1$ chün$^4$ bou$^6$ maai$^6$ saai$^3$ la$^3$.<br>啲遮全部賣晒喇。 | Suǒ yǒu yǔ sǎn mài wán le.<br>所有雨伞卖完了。 |

| 영어 | 한국어 |
| --- | --- |
| I have already given out all the souvenirs I bought in Japan to my friends. | 제가 일본에서 산 기념품을 이미 친구들에게 다 줬어요. |
| The bus has already arrived at the terminus, so all the people got off. | 버스가 이미 종점에 도착했기 때문에, 모든 사람들은 다 내렸어요. |
| I still have not finished the work. | 저는 아직 업무를 다 끝내지 못했어요. |
| The umbrellas are all sold out. | 우산은 모두 다 팔렸어요. |

| | 광둥어 |
|---|---|
|  劉小姐 | Wong$^{4}$ sin$^{1}$ saang$^{1}$, nei$^{5}$ hou$^{2}$.<br>黃先生，你好。 |
|  黃先生 | Lau$^{4}$ siu$^{2}$ zhe$^{2}$, nei$^{5}$ hou$^{2}$, Gam$^{3}$ ngaam$^{1}$ ge$^{2}$! Hoi$^{1}$ yün$^{4}$ wui$^{2}$ a$^{4}$?<br>劉小姐，你好，咁啱嘅！開完會呀？ |
|  劉小姐 | Hai$^{6}$ a$^{3}$, ngaam$^{1}$ ngaam$^{1}$ hoi$^{1}$ yün$^{4}$ wui$^{2}$.<br>係呀，啱啱開完會。 |
|  黃先生 | Hai$^{6}$ a$^{4}$? Gam$^{2}$ nei$^{5}$ zhou$^{6}$ saai$^{3}$ fan$^{6}$ bou$^{3}$ gou$^{3}$ mei$^{6}$ a$^{3}$?<br>係呀？噉你做晒份報告未呀？ |

| | 중국어 |
|---|---|
|  刘小姐 | Huáng xiān sheng, nǐ hǎo.<br>黄先生，你好。 |
|  黄先生 | Liú xiǎo jie, nǐ hǎo, zhè me qiǎo! Kāi wán huì ma?<br>刘小姐，你好，这么巧！开完会吗？ |
|  刘小姐 | Shì a, gāng gāng kāi wán huì.<br>是啊，刚刚开完会。 |
|  黄先生 | Shì a? Nà nǐ wán chéng nà fèn bào gào méi a?<br>是啊？那你完成那份报告没啊？ |

**해석**

미스 유　: 황 선생님, 안녕하세요.

황 선생님 : 미스 유, 안녕하세요. 이런 우연이! 회의 끝났나요?

미스 유　: 네, 방금 전에 회의 끝났어요.

황 선생님 : 그래요? 그러면 그 보고서는 완성됐나요?

| | 광둥어 |
|---|---|

劉小姐

Mei$^{6}$ a$^{3}$, ngo$^{5}$ zhung$^{6}$ mei$^{6}$ zhou$^{6}$ saai$^{3}$ fan$^{6}$ bou$^{3}$ gou$^{3}$ a$^{3}$,
未呀，我重未做晒份報告呀，

bat$^{1}$ gwo$^{3}$ ngo$^{5}$ zhön$^{2}$ bei$^{6}$ saai$^{3}$ chün$^{4}$ bou$^{6}$ zhi$^{1}$ liu$^{2}$ la$^{3}$.
不過我準備晒全部資料喇。

黃先生

Hai$^{6}$ a$^{4}$. Gam$^{2}$, gam$^{1}$ maan$^{5}$ zhou$^{6}$ yün$^{4}$ fan$^{6}$ bou$^{3}$ gou$^{3}$ zhi$^{1}$ hau$^{6}$,
係呀。噉，今晚做完份報告之後，

ngo$^{5}$ dei$^{6}$ yat$^{1}$ chai$^{4}$ höü$^{3}$ sik$^{6}$ faan$^{6}$ a$^{1}$?
我哋一齊去食飯吖？

劉小姐

Hou$^{2}$ a$^{3}$.
好呀。

黃先生

Gam$^{2}$, chat$^{1}$ dim$^{2}$ hai$^{2}$ gung$^{1}$ si$^{1}$ lau$^{4}$ ha$^{6}$ dang$^{2}$ la$^{1}$.
噉，七點喺公司樓下等啦。

劉小姐

Hou$^{2}$ a$^{3}$, yat$^{1}$ zhan$^{6}$ gin$^{3}$.
好呀，一陣見。

| | 중국어 |
|---|---|
|  刘小姐 | Hái méi a, wǒ hái méi wán chéng nà fèn bào gào a,<br>还没啊，我还没完成那份报告啊，<br>bú guò wǒ zhǔn bèi wán quán bù zī liào le.<br>不过我准备完全部资料了。 |
| 黄先生 | Shì a. Nà, jīn wǎn wán chéng bào gào zhī hòu,<br>是啊。那，今晚完成报告之后，<br>wǒ men yì qǐ qù chī fàn ba?<br>我们一起去吃饭吧？ |
|  刘小姐 | Hǎo a.<br>好啊。 |
|  黄先生 | Nà, qī diǎn zài gōng sī lóu xià děng ba.<br>那，七点在公司楼下等吧。 |
|  刘小姐 | Hǎo a, dāi huìr jiàn.<br>好啊，待会儿见。 |

Lesson 2

**해석**

미스 유 : 아직요. 그 보고서는 아직 완성하지 못했어요.
하지만 자료 준비는 모두 끝냈어요.

황 선생님: 그렇군요. 그러면 오늘 저녁에 보고서가 완성되면,
저희 같이 식사하러 갈까요?

미스 유 : 좋아요.

황 선생님: 그러면 7시에 회사 아래에서 기다릴게요.

미스 유 : 좋아요. 좀 있다 봴게요.

**1** 다음 제시된 발음을 보고 광둥어로 써 보세요.

> 예시 Ging$^{1}$ lei$^{5}$ hoi$^{1}$ yün$^{4}$ wui$^{2}$ mei$^{6}$ a$^{3}$? 부장님은 회의 끝나셨나요?
>
> ➡ 經理開完會未呀?

① Ngo$^{5}$ dei$^{6}$ ga$^{1}$ yün$^{4}$ baan$^{1}$ zhi$^{1}$ hau$^{6}$ zhau$^{6}$ höü$^{3}$ yam$^{2}$ ye$^{5}$ a$^{1}$.

저희 야근한 후에 뭐 좀 먹으러 가요.

➡ ______________________________。

② Ngo$^{5}$ ngaam$^{1}$ ngaam$^{1}$ se$^{2}$ yün$^{4}$ gin$^{3}$ yi$^{5}$ sü$^{1}$. 저는 방금 전 제안서를 다 작성했어요.

➡ ______________________________。

③ Ngo$^{5}$ zhung$^{6}$ mei$^{6}$ söng$^{5}$ yün$^{4}$ tong$^{4}$. 저는 아직 수업이 끝나지 않았어요.

➡ ______________________________。

④ Di$^{1}$ zhe$^{1}$ chün$^{4}$ bou$^{6}$ maai$^{6}$ saai$^{3}$ la$^{3}$. 우산은 모두 다 팔렸어요.

➡ ______________________________。

⑤ Nei$^{5}$ goi$^{2}$ yün$^{4}$ go$^{2}$ fan$^{6}$ man$^{4}$ gin$^{2}$ mei$^{6}$ a$^{3}$? 당신은 그 문서를 다 고쳤나요?

➡ ______________________________?

⑥ Köü$^{5}$ chöt$^{1}$ chaai$^{1}$ yün$^{4}$ faan$^{1}$ lai$^{4}$ zhi$^{1}$ hau$^{6}$ zhau$^{6}$ sau$^{3}$ zho$^{2}$.

그/그녀는 출장을 갔다 온 후에 살이 빠졌어요.

➡ ______________________________。

**2** 다음 단어를 올바르게 배열하여 문장을 만들어 보세요.

예시 呀/寫/你/報告/未/完　당신은 보고서를 다 썼나요?
➡ 你寫完報告未呀?

① 喇/準備/我/報價單/完　저는 견적서 준비를 다 끝냈어요.

➡ ________________________________。

② 休息/就/我/嘢/做完　저는 일을 마치고 쉬려고요.

➡ ________________________________。

③ 寫/你哋/建議書/晒/呀/份/未　당신들은 제안서를 다 썼나요?

➡ ________________________________?

④ 喇/我/食/晏/完　저는 점심을 다 먹었어요.

➡ ________________________________。

⑤ 我/工作/所有/完/做/喇　저는 모든 업무를 다 끝냈어요.

➡ ________________________________。

⑥ 睇/佢/本/書/晒/喇　그/그녀는 책을 다 읽었어요.

➡ ________________________________。

### 3 다음 주어진 대화문을 읽고 질문에 광둥어로 답해 보세요.

Ⓐ : 打攪晒。
Ⓑ : 唔好意思，我啱啱起身，重未寫完份報告。
Ⓐ : 唔緊要。
Ⓑ : 我琴晚準備晒啲資料，你呢？
Ⓐ : 我重未準備完，不過我頭先影印咗啲文件。
Ⓑ : 辛苦晒。噉，我寫完份報告，我哋一齊準備份建議書吖。
Ⓐ : 好呀。我等你。

① B는 방금 전에 일어났나요?

➡ ________________________________________。

② B는 보고서를 다 작성했나요?

➡ ________________________________________。

③ B는 자료 준비를 다 끝냈나요?

➡ ________________________________________。

④ A는 자료 준비를 다 끝냈나요?

➡ ________________________________________。

⑤ A는 방금 전 무엇을 했나요?

➡ ________________________________________。

⑥ B는 보고서 작성이 다 끝나면 무엇을 할 예정인가요?

➡ ________________________________________。

## 4 다음 주어진 단어를 활용하여 빈칸에 알맞게 답을 써 보세요.

보기 咗 | 晒 | 完

① 我睇 ______ 呢場哥爾夫球比賽喇。

저는 이번 골프 경기를 다 봤어요.

② 我哋食 ______ 啲飯，不過佢哋重未食 ______ 啲飯。

저희는 밥을 다 먹었지만, 그들은 아직 밥을 다 먹지 않았어요.

③ 佢起 ______ 身，食 ______ 早餐，就出 ______ 街。

그/그녀는 일어나서, 아침을 먹고 바로 나갔어요.

④ 我未講 ______ ，佢就走 ______ 。

제 말이 끝나지 않았는데, 그/그녀는 가 버렸어요.

⑤ 全部資料突然唔見 ______ 。

모든 자료가 갑자기 사라졌어요.

⑥ 佢重未影印 ______ 所有資料。

그/그녀는 모든 자료를 아직 다 복사하지 못했어요.

# Lesson 3

Ngo$^{5}$ se$^{2}$ gan$^{2}$ bou$^{3}$ gou$^{3}$

## 我寫緊報告。

저는 보고서를 쓰고 있어요.

| | 광둥어 | 중국어 | 영어 | 한국어 |
|---|---|---|---|---|
| 1 | wan$^{2}$<br>搵 | zhǎo<br>找 | Find, search for, go to see sb | ㊐ 찾다 |
| 2 | giu$^{3}$<br>叫 | jiào<br>叫 | Call | ㊐ 부르다 |
| 3 | gaan$^{2}$<br>揀 | xuǎn<br>选 | Choose | ㊐ 고르다 |
| 4 | king$^{1}$ (gai$^{2}$)<br>傾(偈) | liáo (tiānr)<br>聊(天儿) | Chat | ㊐ 이야기를 나누다 |
| 5 | lok$^{6}$ yü$^{5}$<br>落雨 | xià yǔ<br>下雨 | Rain | ㊐ 비가 내리다 |
| 6 | ching$^{4}$ fong$^{3}$<br>情況 | qíng kuàng<br>情况 | Condition, situation | ㊔ 상황 |
| 7 | tau$^{4}$ zhi$^{1}$<br>投資 | tóu zī<br>投资 | Invest | ㊔ 투자<br>㊐ 투자하다 |
| 8 | söng$^{1}$ gwaan$^{1}$<br>相關 | xiāng guān<br>相关 | Related | ㊐ 연관되다, 관련되다 |
| 9 | gai$^{3}$ zhuk$^{6}$<br>繼續 | jì xù<br>继续 | Continue, carry on | ㊐ 계속하다 |

| | 광동어 | 중국어 | 영어 | 한국어 |
|---|---|---|---|---|
| 10 | chöt[1] faat[3] 出發 | chū fā 出发 | Depart, set off | ⑤ 출발하다 |
| 11 | sing[4] gung[1] 成功 | chéng gōng 成功 | Succeed | ⑤ 성공하다 |
| 12 | töü[1] zhin[3] 推薦 | tuī jiàn 推荐 | Recommend | ⑤ 추천하다 |
| 13 | zhou[6] ye[5] 做嘢 | gōng zuò 工作 | Work, do sth. | ⑤ 일하다 |
| 14 | faat[3] yin[6] 發現 | fā xiàn 发现 | Discover, notice | ⑤ 발견하다 |
| 15 | choi[4] ging[1] san[1] man[2] 財經新聞 | cái jīng xīn wén 财经新闻 | Business news | 경제 신문 |
| 16 | wan[1] sü[1] / wan[1] zhaap[6] 溫書 / 溫習 | fù xí 复习 | Do revision | ⑤ 복습하다 |
| 17 | gwo[3] muk[6] 過目 | guò mù 过目 | Look over, have a look | ⑤ 훑어보다 |
| 18 | si[6] chaat[3] 視察 | shì chá 视察 | Visit, inspect | ⑤ 시찰하다 |
| 19 | gaau[2] dim[6] 搞掂 | jiě jué 解决 | Finish, solve, complete | ⑤ 해결하다 |
| 20 | gung[1] ying[3] söng[1] 供應商 | gōng yìng shāng 供应商 | Supplier | ⑬ 공급자, 공급 업체 |
| 21 | yip[6] zhik[1] 業績 | yè jì 业绩 | Sales performance | ⑬ 업적, 성과, 실적 |
| 22 | ying[4] yip[6] ngaak[6] 營業額 | yíng yè é 营业额 | Volume of business, turnover | ⑬ 매출액 |
| 23 | sön[3] sam[1] 信心 | xìn xīn 信心 | Confidence | ⑬ 자신, 확신 |

| | 광동어 | 중국어 | 영어 | 한국어 |
|---|---|---|---|---|
| 24 | wui6 gai3<br>會計 | kuài jì<br>会计 | Accounting | ㊔ 회계 |
| 25 | yin1 fa1<br>煙花 | yān huā<br>烟花 | Fireworks | ㊔ 폭죽 |
| 26 | ging6 zhang1 döü3 sau2<br>競爭對手 | jìng zhēng duì shǒu<br>竞争对手 | Competitors | ㊔ 라이벌, 경쟁 상대 |
| 27 | dün2 sön3<br>短訊 | duǎn xìn<br>短信 | SMS | ㊔ 문자 메시지 |
| 28 | gung1 chöng4 / gung1 chong2<br>工場 / 工廠 | gōng chǎng<br>工厂 | Factory, mill | ㊔ 공장 |
| 29 | da2 ma4 zhök3<br>打麻雀 | dǎ má jiàng<br>打麻将 | Play Mahjong | 마작을 하다 |
| 30 | gin3 haak3<br>見客 | jiàn kè hù<br>见客户 | Meet the client | 고객을 만나다,<br>미팅하다 |
| 31 | ni1 löng5 yat6<br>呢兩日 | zhè liǎng tiān<br>这两天 | These two days | 요 며칠 |
| 32 | yat1 ding6 (hai6)<br>一定(係) | yí dìng (shì)<br>一定(是) | Surely, definitely | ㊝ 반드시, 꼭 |
| 33 | zhung6 (hai6)<br>重(係) | hái (shi)<br>还(是) | Still | ㊝ 아직, 여전히 |
| 34 | bat1 dün6<br>不斷 | bú duàn<br>不断 | Continuously | ㊝ 끊임없이 |

| | 광동어 | 중국어 | 영어 | 한국어 |
|---|---|---|---|---|
| 35 | Sai2 m4 sai2 bong1 sau2 a3?<br>使唔使幫手呀？ | Xū yào bāng máng ma?<br>需要帮忙吗？ | Do you need help? | 도와 드릴까요? |
| 36 | choi4 zhing3 ngai4 gei1<br>財政危機 | cái zhèng wēi jī<br>财政危机 | Financial crisis | 재정 위기 |

## 주제별 단어 배우GO!

wan[2]

搵

zhǎo

找

Find, search for, go to see sb

찾다

gaan[2]

揀

xuǎn

选

Choose

고르다

king[1] (gai[2])

傾(偈)

liáo (tiānr)

聊(天儿)

Chat

이야기를 나누다

lok[6] yü[5]

落雨

xià yǔ

下雨

Rain

비가 내리다

yin[1] fa[1]

煙花

yān huā

烟花

Fireworks

폭죽

da[2] ma[4] zhök[3]

打麻雀

dǎ má jiàng

打麻将

Play Mahjong

마작을 하다

wui6 gai3

會計

kuài jì

会计

Accounting

회계

töü1 zhin3

推薦

tuī jiàn

推荐

Recommend

추천하다

dün2 sön3

短訊

duǎn xìn

短信

SMS

문자 메시지

gung1 chöng4 / gung1 chong2

工場 / 工廠

gōng chǎng

工厂

Factory, mill

공장

choi4 zhing3 ngai4 gei1

財政危機

cái zhèng wēi jī

财政危机

Financial crisis

재정 위기

gin³ haak³

見客

jiàn kè hù

见客户

Meet the client

고객을 만나다, 미팅하다

si⁶ chaat³

視察

shì chá

视察

Visit, inspect

시찰하다

pun⁴ dim²

盤點

pán diǎn

盘点

Stock taking

재고를 조사하다

chün⁴ zhan¹

傳真

fā chuán zhēn

发传真

Sending a fax

팩스를 보내다

chün⁴ (e-mail)

傳(e-mail)

fā diàn zǐ yóu jiàn

发电子邮件

Sending an e-mail

메일을 보내다

ying[2] yan[3]

影印

fù yìn

复印

Photocopying

복사하다

da[2] / zhip[3] din[6] wa[2]

打 / 接電話

dă / jiē diàn huà

打 / 接电话

Dialing / Answering a call

전화를 걸다 / 전화를 받다

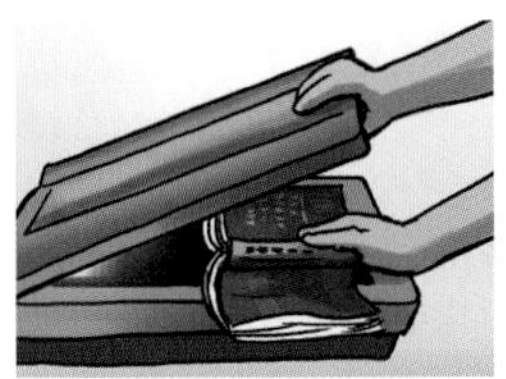

sou[3] miu[4]

掃描

săo miáo

扫描

Scanning

스캔하다

se[2] bou[3] gou[3]

寫報告

xiě bào gào

写报告

Writing reports

보고서를 쓰다

chim[1] yök[3]

簽約

qiān yuē

签约

Signing contracts

계약하다

se[2] wui[6] yi[5] gei[3] luk[6]

寫會議紀錄

xiě huì yì jì lù

写会议纪录

Writing meeting minutes

회의록을 작성하다

da2 zhi6

打字

dǎ zì

打字

Typing

타자를 치다, 타이핑하다

wui6 bou3

匯報

huì bào

汇报

Presenting, Reporting

보고하다

hoi1 wui2

開會

kāi huì

开会

Having a meeting

회의하다

bou3 ga3

報價

bào jià

报价

Giving quotations

견적서를 내다, 가격을 제시하다

chöt1 chaai1 / gung1 gon3

出差 / 公幹

chū chāi

出差

Going on a business trip

출장 가다

## ① 緊 gan² ~하고 있다(동작의 진행을 나타냄)

1) 의문문 1 주어 + 係唔係(~인지, 아닌지) + 동사 + 緊(~하고 있다) + 목적어 + 呀?

| 광둥어 | 중국어 |
|---|---|
| Nei⁵ hai⁶ m⁴ hai⁶ zhou⁶ gan² ye⁵ a³?<br>你係唔係做緊嘢呀? | Nǐ shì bu shì zài gōngzuò a?<br>你是不是在工作啊? |

2) 의문문 2 주어 + 동사 + 緊(~하고 있다) + 의문대사 + 呀?

| 광둥어 | 중국어 |
|---|---|
| Nei⁵ zhou⁶ gan² mat¹ ye⁵ a³?<br>你做緊乜嘢呀? | Nǐ zài gàn shén me a?<br>你在干什么啊? |

3) 긍정문 1 係(네), 주어 + 동사 + 緊(~하고 있다) + 목적어

| 광둥어 | 중국어 |
|---|---|
| Hai⁶, ngo⁵ zhou⁶ gan² ye⁵.<br>係，我做緊嘢。 | Shì, wǒ zài gōngzuò.<br>是，我在工作。 |

| 영어 | 한국어 |
| --- | --- |
| Are you working? | 당신은 일하고 있나요? |

| 영어 | 한국어 |
| --- | --- |
| What are you doing? | 당신은 무엇을 하고 있나요? |

| 영어 | 한국어 |
| --- | --- |
| Yes, I am working. | 네, 저는 일하고 있어요. |

4) ☺ 긍정문 2 주어 + 동사 + 緊(~하고 있다) + 목적어

| 광둥어 | 중국어 |
| --- | --- |
| Ngo$^{5}$ se$^{2}$ gan$^{2}$ bou$^{3}$ gou$^{3}$.<br>我寫緊報告。 | Wǒ zài xiě bào gào.<br>我在写报告。 |

5) ☹ 부정문 唔係(아니요), 주어 + 唔係(~하지 않다) + 동사 + 緊(~하고 있다) + 목적어

| 광둥어 | 중국어 |
| --- | --- |
| M$^{4}$ hai$^{6}$, ngo$^{5}$ m$^{4}$ hai$^{6}$ zhou$^{6}$ gan$^{2}$ ye$^{5}$.<br>唔係，我唔係做緊嘢。 | Bú shì, wǒ méi zài gōngzuò.<br>不是，我没在工作。 |

## ② 如果(……嘅話)……就 Yü$^{4}$ gwo$^{2}$(……ge$^{3}$ wa$^{6}$)……zhau$^{6}$ 만약 ~하면, ~하다

1) ☺ 긍정문 如果(만약 ~하면) + 조건/가정 + 就(~하다) + 결과

| 광둥어 | 중국어 |
| --- | --- |
| Yü$^{4}$ gwo$^{2}$ lok$^{6}$ yü$^{5}$ zhau$^{6}$ m$^{4}$ höü$^{3}$.<br>如果落雨就唔去。 | Rú guǒ xià yǔ jiù bú qù.<br>如果下雨就不去。 |
| Yü$^{4}$ gwo$^{2}$ lei$^{6}$ yön$^{6}$ gou$^{1}$ zhau$^{6}$ tau$^{4}$ zhi$^{1}$.<br>如果利潤高就投資。 | Rú guǒ lì rùn gāo jiù tóu zī.<br>如果利润高就投资。 |

| 영어 | 한국어 |
|---|---|
| I am writing a report. | 저는 보고서를 쓰고 있어요. |

| 영어 | 한국어 |
|---|---|
| No, I am not working. | 아니요, 저는 일을 하고 있지 않아요. |

| 영어 | 한국어 |
|---|---|
| If it rains, then we will not go. | 만약 비가 오면 안 갈래요. |
| If the profit is high, then we will invest. | 만약 이율이 높으면 투자할게요. |

## ③ 喺度……緊 hai2 dou6……gan2 여기에서 ~을(를) 하고 있다

1) 의문문 1 주어 + 係唔係(~인지, 아닌지) + 喺度(여기에서) + 동사 + 緊(~하고 있다) + 목적어 + 呀?

| 광둥어 | 중국어 |
|---|---|
| Nei5 hai6 m4 hai6 hai2 dou6 wan2 gan2 zhi1 liu2 a3?<br>你係唔係喺度搵緊資料呀? | Nǐ shì bu shì zài zhǎo zī liào a?<br>你是不是在找资料啊? |

2) 의문문 2 주어 + 喺度(여기에서) + 동사 + 喺(~하고 있다) + 乜嘢(무엇) + 呀?

| 광둥어 | 중국어 |
|---|---|
| Nei5 hai6 dou6 zhou6 gan2 mat1 ye5 a3?<br>你喺度做緊乜嘢呀? | Nǐ zài zhèr gàn shén me a?<br>你在这儿干什么啊? |

3) 긍정문 주어 + 喺度(여기에서) + 동사 + 緊(~하고 있다) + 목적어

| 광둥어 | 중국어 |
|---|---|
| Ngo5 hai2 dou6 wan2 gan2 zhi1 liu2.<br>我喺度搵緊資料。 | Wǒ zài zhèr zhǎo zī liào.<br>我在这儿找资料。 |

4) 부정문 唔係(아니요), 주어 + 唔係(~하지 않다) + 喺度(여기에서) + 동사 + 緊(~하고 있다) + 목적어

| 광둥어 | 중국어 |
|---|---|
| M4 hai6, ngo5 m4 hai6 hai2 dou6 wan2 gan2 zhi1 liu2.<br>唔係，我唔係喺度搵緊資料。 | Bú shì, wǒ bú shì zài zhèr zhǎo zī liào.<br>不是，我不是在这儿找资料。 |

| 영어 | 한국어 |
| --- | --- |
| Are you searching for information? | 당신은 여기에서 자료를 찾고 있나요? |

| 영어 | 한국어 |
| --- | --- |
| What are you doing right here? | 당신은 여기에서 무엇을 하고 있나요? |

| 영어 | 한국어 |
| --- | --- |
| I am now searching for the information. | 저는 여기에서 자료를 찾고 있어요. |

| 영어 | 한국어 |
| --- | --- |
| No, I am not searching for the information. | 아니요, 저는 여기에서 자료를 찾고 있지 않아요. |

## 1 緊 gan$^2$ ~하고 있다(동작의 진행을 나타냄)

| | 광동어 | 중국어 |
|---|---|---|
| 1 | Köü$^5$ dei$^6$ si$^6$ chaat$^3$ gan$^2$ Zhung$^1$ gwok$^3$ ge$^3$ gung$^1$ chöng$^4$.<br>佢哋視察緊中國嘅工場。 | Tā men zhèng zài shì chá Zhōng guó de gōng chǎng.<br>他们正在视察中国的工场。 |
| 2 | Ngo$^5$ zhön$^2$ bei$^6$ gan$^2$ wui$^6$ yi$^5$ ge$^3$ zhi$^1$ liu$^2$.<br>我準備緊會議嘅資料。 | Wǒ zhèng zài zhǔn bèi huì yì de zī liào.<br>我正在准备会议的资料。 |
| 3 | Ging$^1$ lei$^5$ yi$^4$ ga$^1$ chöt$^1$ gan$^2$ chaai$^1$, ha$^6$ go$^3$ lai$^5$ baai$^3$ faan$^1$ gung$^1$ si$^1$.<br>經理而家出緊差，<br>下個禮拜返公司。 | Jīng lǐ zhèng zài chū chāi, xià ge xīng qī cái huí gōng sī.<br>经理正在出差，<br>下个星期才回公司。 |

| 영어 | 한국어 |
|---|---|
| They are visiting the Chinese factory. | 그들은 중국 공장을 시찰하고 있어요. |
| I am preparing the materials for the meeting. | 저는 회의 자료를 준비하고 있어요. |
| Manager is now on business trip, and he will be back to office next week. | 부장님은 지금 출장 중이셔서, 다음 주에야 회사로 돌아오세요. |

## 1 緊 gan2 ~하고 있다(동작의 진행을 나타냄)

| | 광둥어 | 중국어 |
|---|---|---|
| 4 | Zha1 gan2 che1 go2 zhan6 si4,<br>ngo5 lou5 baan2 da2 din6 wa6 bei2 ngo5.<br>揸緊車嗰陣時，<br>我老闆打電話俾我。 | Zhèng zài kāi chē de shí hou,<br>wǒ lǎo bǎn gěi wǒ dǎ diàn huà.<br>正在开车的时候，<br>我老板给我打电话。 |
| 5 | Ngo5 tung4 go3 haak3 da2 gan2 go1 yi5 fu1 kau4.<br>我同個客打緊哥爾夫球。 | Wǒ zhèng zài gēn kè hù dǎ gāo ěr fū qiú.<br>我正在跟客户打高尔夫球。 |
| 6 | Ngo5 yi4 ga1 hoi1 gan2 wui2,<br>zhi1 hau6 zhoi3 da2 bei2 nei5.<br>我而家開緊會，<br>之後再打俾你。 | Wǒ xiàn zài zhèng zài kāi huì,<br>zhī hòu zài dǎ gěi nǐ.<br>我现在正在开会，<br>之后再打给你。 |
| 7 | Lou5 baan2 gong2 gan2 ye5 go2 zhan6 si4<br>m4 hou2 king1 gai2.<br>老闆講緊野嗰陣時唔好傾偈。 | Lǎo bǎn zài shuō huà shí<br>bú yào liáo tiānr.<br>老板在说话时不要聊天儿。 |

| 영어 | 한국어 |
|---|---|
| My boss called me when I was driving. | 운전하고 있을 때, 사장님께서 저에게 전화를 하셨어요. |
| I am playing golf with the client. | 저는 고객과 골프를 치고 있어요. |
| I am now having a meeting and shall call you back later. | 저는 지금 회의 중이어서, 나중에 다시 전화드릴게요. |
| Do not chat when the boss is speaking. | 사장님께서 말씀하실 때는 잡담하지 마세요. |

## 2 如果(……嘅話)……就 Yü⁴ gwo²(……ge³ wa⁶)……zhau⁶ 만약 ~하면, ~하다

| | 광둥어 | 중국어 |
|---|---|---|
| 1 | Yü⁴ gwo² yip⁶ zhik¹ gai³ zhuk⁶ bin³ cha¹,<br>zhau⁶ yau⁵ choi⁴ zhing³ ngai⁴ gei¹.<br>如果業績繼續變差，<br>就有財政危機。 | Rú guǒ yè jì jì xù biàn chà,<br>jiù yǒu cái zhèng wēi jī.<br>如果业绩继续变差，<br>就有财政危机。 |
| 2 | Yü⁴ gwo² ging¹ lei⁵ faan¹ zho² lai⁴ ge³ wa⁶,<br>zhau⁶ giu³ ngo⁵ la¹.<br>如果經理返咗嚟嘅話，<br>就叫我啦。 | Rú guǒ jīng lǐ lái le, jiù jiào wǒ.<br>如果经理来了，就叫我。 |
| 3 | Yü⁴ gwo² beng⁶ zho²,<br>zhau⁶ m⁴ hou² faan¹ gung¹ la³.<br>如果病咗，就唔好返工喇。 | Rú guǒ bìng le,<br>jiù bú yào shàng bān le.<br>如果病了，就不要上班了。 |
| 4 | Yü⁴ gwo² nei⁵ dou³ zho² Yat⁶ bun² ge³ wa⁶,<br>zhau⁶ da² din⁶ wa² bei² ngo⁵.<br>如果你到咗日本嘅話，<br>就打電話俾我。 | Rú guǒ nǐ dào le Rì běn de huà,<br>jiù dǎ diàn huà gěi wǒ.<br>如果你到了日本的话，<br>就打电话给我。 |

| 영어 | 한국어 |
| --- | --- |
| If the sales performance keeps dropping, there will be a financial crisis. | 만약 실적이 계속 나빠지면, 재정 위기가 올 거예요. |
| Call me when the manager returns. | 만약 부장님 오시면, 저 좀 불러 주세요. |
| Do not go to work if you are sick. | 만약 아프면, 출근하지 마세요. |
| Call me when you arrive in Japan. | 만약 당신이 일본에 도착하면, 저에게 전화 주세요. |

## 2 如果(……嘅話)……就 Yü4 gwo2(……ge3 wa6)……zhau6 만약 ~하면, ~하다

| | 광둥어 | 중국어 |
|---|---|---|
| 5 | Yü4 gwo2 sing4 gung1 ge3 wa2,<br>ngo5 wui5 töü1 zhin3 nei5.<br>如果成功嘅話，我會推薦你。 | Rú guǒ chéng gōng de huà,<br>wǒ huì tuī jiàn nǐ.<br>如果成功的话，我会推荐你。 |
| 6 | Yü4 gwo2 nei5 zhung6 zhou6 gan2 ye5 ge3 wa6,<br>ngo5 hai2 chaan1 teng1 dang2 nei5.<br>如果你重做緊嘢嘅話，<br>我喺餐廳等你。 | Rú guǒ nǐ hái zài gōng zuò de huà,<br>wǒ zài cān tīng děng nǐ.<br>如果你还在工作的话，<br>我在餐厅等你。 |
| 7 | Yü4 gwo2 cho3 zho2 ge3 wa6,<br>zhau6 ching2 nei5 gong2 chöt1 lai4.<br>如果錯咗嘅話，就請你講出嚟。 | Rú guǒ cuò le de huà,<br>jiù qǐng nǐ shuō chū lai.<br>如果错了的话，就请你说出来。 |
| 8 | Yü4 gwo2 m4 gau3 si4 gaan3 ge3 wa6,<br>zhau6 daap3 dik1 si6.<br>如果唔夠時間嘅話，就搭的士。 | Rú guǒ shí jiān bú gòu de huà,<br>jiù zuò chū zū chē.<br>如果时间不够的话，就坐出租车。 |

| 영어 | 한국어 |
|---|---|
| If it is successful, I will recommend you. | 만약 성공하면, 제가 당신을 추천할게요. |
| If you are still working,<br>I will wait for you at the restaurant. | 만약 당신이 아직 일을 하고 있다면,<br>제가 식당에서 당신을 기다릴게요. |
| Please say it if there is any mistake. | 만약 틀렸으면, 말씀해 주세요. |
| Take a taxi if there is not enough time. | 만약 시간이 부족하면, 택시를 타세요. |

### 3 喺度……緊 hai2 dou6……gan2 여기에서 ~을(를) 하고 있다

| | 광둥어 | 중국어 |
|---|---|---|
| 1 | Nei5 hai6 m4 hai6 hai2 dou6 hok6 gan2 Gwong2 dung1 wa2 a3?<br>你係唔係喺度學緊廣東話呀？<br>Hai6, ngo5 hai2 dou6 hok6 gan2 Gwong2 dung1 wa2.<br>係，我喺度學緊廣東話。 | Nǐ shì bu shì zài zhè li xué Guǎng dōng huà a?<br>你是不是在这里学广东话啊？<br>Shì, wǒ zhèng zài zhè li xué Guǎng dōng huà.<br>是，我正在这里学广东话。 |
| 2 | Lei5 sin1 saang1 hoi1 gan2 wui2 go2 zhan6 si4 hai2 dou6 da2 dün2 sön3.<br>李先生開緊會嗰陣時喺度打短訊。 | Lǐ xiān sheng kāi huì shí zài fā duǎn xìn.<br>李先生开会时在发短信。 |
| 3 | Dung2 si2 hai2 dou6 dang2 gan2 lou5 baan2 faan1 lai4.<br>董事喺度等緊老闆返嚟。 | Cháng wù dǒng shì zài děng zhe lǎo bǎn huí lái.<br>常务董事在等着老板回来。 |

| 영어 | 한국어 |
| --- | --- |
| Are you learning Cantonese here right now?<br><br>Yes, I am learning Cantonese here right now. | 당신은 여기에서 광둥어를 배우고 있나요?<br><br>네, 저는 여기에서 광둥어를 배우고 있어요. |
| Mr. Li was texting a message while having a meeting. | 이 선생님은 회의 중에<br>문자 메시지를 보내고 있어요. |
| The director is waiting for the president's coming. | 상무 이사님은 여기에서 사장님이<br>돌아오기를 기다리고 계세요. |

## 3 喺度……緊 hai$^{2}$ dou$^{6}$……gan$^{2}$ 여기에서 ~을(를) 하고 있다

| | 광둥어 | 중국어 |
|---|---|---|
| 4 | Yi$^{4}$ ga$^{1}$ hai$^{6}$ ye$^{6}$ maan$^{5}$ sap$^{6}$ dim$^{2}$, daan$^{6}$ hai$^{6}$ ngo$^{5}$ zhung$^{6}$ hai$^{2}$ dou$^{6}$ ga$^{1}$ gan$^{2}$ baan$^{1}$.<br>而家係夜晚十點，<br>但係我重喺度加緊班。 | Xiàn zài shì wǎn shang shí diǎn, dàn shì wǒ hái zài jiā bān.<br>现在是晚上十点，<br>但是我还在加班。 |
| 5 | Yan$^{1}$ wai$^{6}$ ngo$^{5}$ hai$^{2}$ dou$^{6}$ ga$^{1}$ gan$^{2}$ baan$^{1}$, so$^{2}$ yi$^{5}$ m$^{4}$ höü$^{3}$ tai$^{2}$ hei$^{3}$ la$^{3}$.<br>因為我喺度加緊班，<br>所以唔去睇戲喇。 | Yīn wèi wǒ zhèng zài jiā bān, suǒ yǐ bú qù kàn diàn yǐng le.<br>因为我正在加班，<br>所以不去看电影了。 |
| 6 | Ngo$^{5}$ dei$^{6}$ gung$^{1}$ si$^{1}$ hai$^{2}$ dou$^{6}$ wan$^{2}$ gan$^{2}$ san$^{1}$ ge$^{3}$ gung$^{1}$ ying$^{3}$ söng$^{1}$.<br>我哋公司喺度搵緊新嘅供應商。 | Wǒ men gōng sī zhèng zài zhǎo xīn de gōng yìng shāng.<br>我们公司正在找新的供应商。 |
| 7 | Köü$^{5}$ yi$^{4}$ ga$^{1}$ hai$^{2}$ dou$^{6}$ gin$^{3}$ gan$^{2}$ haak$^{3}$.<br>佢而家喺度見緊客。 | Tā xiàn zài zhèng zài jiàn kè hù.<br>他现在正在见客户。 |

| 영어 | 한국어 |
|---|---|
| It is now 10 at night,<br>but I am still working overtime. | 지금은 저녁 열 시지만,<br>저는 아직 야근을 하고 있어요. |
| I am still working overtime,<br>so I am not going to the movie. | 저는 야근을 하고 있기 때문에,<br>영화를 보러 가지 않아요. |
| Our company is now looking for a new supplier. | 저희 회사는 새로운 공급 업체를 찾고 있어요. |
| He is now meeting with clients. | 그는 지금 고객을 만나고 있어요. |

| | 광둥어 |
|---|---|
| 羅 | Yip⁶ ging¹ lei⁵, nei⁵ hou². 葉經理，你好。 |
| 葉經理 | A³ Lo², ngo⁵ yi⁴ ga¹ hai² dou⁶ tai² gan² gam¹ go³ yüt⁶ ge³ yip⁶ zhik¹, 阿羅，我而家喺度睇緊今個月嘅業績，<br>faat³ yin⁶ ying⁴ yip⁶ ngaak² siu² zho². Yü⁴ gwo² ching⁴ fong³ gai³ zhuk⁶, 發現營業額少咗。如果情況繼續，<br>ngo⁵ dei⁶ gung¹ si¹ zhau⁶ yau⁵ choi⁴ zhing³ ngai⁴ gei¹. 我哋公司就有財政危機。 |
| 羅 | Ging¹ lei⁵, ngo⁵ ngaam¹ ngaam¹ zhou⁶ yün⁴ söng¹ gwaan¹ ge³ bou³ gou³, ching² nei⁵ gwo³ muk⁶. 經理，我啱啱做完相關嘅報告，請你過目。 |
| 葉經理 | Dim² gaai² ngo⁵ dei⁶ gung¹ si¹ ge³ ging⁶ zhang¹ döü³ sau² maai⁶ gan² ge³ 點解我哋公司嘅競爭對手賣緊嘅<br>fo³ ban² bei² ngo⁵ dei⁶ ge³ peng⁴ gam³ do¹ ga³? 貨品比我哋嘅平咁多㗎？ |

| | 중국어 |
|---|---|
|  罗 | Yè jīng lǐ, nǐ hǎo.<br>叶经理，你好。 |
|  叶经理 | Ā Luó, wǒ xiàn zài zhèng zài kàn zhè ge yuè de yè jì,<br>阿罗，我现在正在看这个月的业绩，<br>fā xiàn yíng yè é shǎo le. Rú guǒ qíng kuàng jì xù,<br>发现营业额少了。如果情况继续，<br>wǒ men gōng sī jiù yǒu cái zhèng wēi jī.<br>我们公司就有财政危机。 |
|  罗 | Jīng lǐ, wǒ gāng gāng zuò hǎo xiāng guān de bào gào, qǐng nǐ guò mù.<br>经理，我刚刚做好相关的报告，请你过目。 |
|  叶经理 | Wèi shén me wǒ men gōng sī de jìng zhēng duì shǒu mài de<br>为什么我们公司的竞争对手卖的<br>huò pǐn bǐ wǒ men de pián yi nà me duō a?<br>货品比我们的便宜那么多啊？ |

* '阿'는 상대방의 이름 앞에 붙여 친근함을 나타냅니다.

Lesson 3

**해석**

미스 나: 엽 부장님, 안녕하세요.

엽 부장: 미스 나, 제가 지금 이번 달 실적을 보고 있는데,
매출액이 줄었네요. 만약 상황이 계속되면,
우리 회사는 재정 위기를 겪게 될 것이에요.

미스 유: 부장님, 제가 방금 관련 보고서를 작성했으니, 확인해 주세요.

엽 부장: 우리 회사의 경쟁 업체가 판매하는 제품이 왜 우리 것보다 그렇게 저렴한 거죠?

羅

Hai$^{6}$ a$^{3}$. Yan$^{1}$ wai$^{6}$ ngo$^{5}$ dei$^{6}$ yi$^{4}$ ga$^{1}$ ge$^{3}$ gung$^{1}$ ying$^{3}$ söng$^{1}$ bat$^{1}$ dün$^{6}$ hai$^{2}$ dou$^{6}$
係呀。因為我哋而家嘅供應商不斷喺度

ga$^{1}$ gan$^{2}$ ga$^{3}$, so$^{2}$ yi$^{5}$ ngo$^{5}$ hai$^{2}$ dou$^{6}$ wan$^{2}$ gan$^{2}$ san$^{1}$ ge$^{3}$ gung$^{1}$ ying$^{3}$ söng$^{1}$.
加緊價，所以我喺度搵緊新嘅供應商。

葉經理

Nei$^{5}$ yau$^{5}$ mou$^{5}$ sön$^{3}$ sam$^{1}$ ho$^{2}$ yi$^{5}$ yung$^{6}$ yat$^{1}$ go$^{3}$ sing$^{1}$ kei$^{4}$ gaau$^{2}$ dim$^{6}$?
你有冇信心可以用一個星期搞掂？

羅

Ngo$^{5}$ yau$^{5}$ sön$^{3}$ sam$^{1}$, Yip$^{6}$ ging$^{1}$ lei$^{5}$.
我有信心，葉經理。

葉經理

Yü$^{4}$ gwo$^{2}$ sing$^{4}$ gung$^{1}$ ge$^{3}$ wa$^{2}$, ngo$^{5}$ wui$^{3}$ töü$^{1}$ zhin$^{3}$ nei$^{5}$ bei$^{2}$ lou$^{5}$ baan$^{2}$.
如果成功嘅話，我會推薦你俾老闆。

羅

Do$^{1}$ zhe$^{6}$, Yip$^{6}$ ging$^{1}$ lei$^{5}$.
多謝，葉經理。

| | 중국어 |
|---|---|
|  罗 | Shì a. Yīn wèi wǒ men xiàn zài de gōng yìng shāng bú duàn de<br>是啊。因为我们现在的供应商不断地<br>zài tí jià, suǒ yǐ wǒ zhèng zài zhǎo xīn de gōng yìng shāng.<br>在提价，所以我正在找新的供应商。 |
|  叶经理 | Nǐ yǒu méi yǒu xìn xīn kě yǐ yòng yí ge xīng qī jiě jué?<br>你有没有信心可以用一个星期解决？ |
|  罗 | Wǒ yǒu xìn xīn, Yè jīng lǐ.<br>我有信心，叶经理。 |
|  叶经理 | Rú guǒ chéng gōng de huà, wǒ huì tuī jiàn nǐ gěi lǎo bǎn.<br>如果成功的话，我会推荐你给老板。 |
|  罗 | Xiè xie, Yè jīng lǐ.<br>谢谢，叶经理。 |

**해석**

미스 나: 맞습니다. 지금 저희 공급 업체가 계속해서 가격을 올리고 있어서, 새로운 공급 업체를 찾고 있습니다.

엽 부장: 당신은 일주일 안에 해결할 자신 있나요?

미스 나: 자신 있습니다, 엽 부장님.

엽 부장: 만약 성공하면, 제가 사장님께 당신을 추천할게요.

미스 나: 감사합니다, 엽 부장님.

**1** 다음 제시된 발음을 보고 광둥어로 써 보세요.

예시 Ngo$^5$ duk$^6$ gan$^2$ sü$^1$. 저는 공부를 하고 있어요.

➡ 我讀緊書。

① Ngo$^5$ tai$^2$ gan$^2$ gam$^1$ go$^3$ yüt$^6$ ge$^3$ yip$^6$ zhik$^1$.

저는 이번 달 실적을 보고 있어요.

➡ ______________________________。

② Ngo$^5$ yi$^4$ ga$^1$ hoi$^1$ gan$^2$ wui$^2$, zhi$^1$ hau$^6$ da$^2$ din$^6$ wa$^2$ bei$^2$ nei$^5$.

저는 지금 회의 중이니, 나중에 전화드릴게요.

➡ ______________________________。

③ Ngo$^5$ dei$^6$ gung$^1$ si$^1$ hai$^2$ dou$^6$ wan$^2$ gan$^2$ san$^1$ ge$^3$ gung$^1$ ying$^3$ söng$^1$.

저희 회사는 새로운 공급 업체를 찾고 있어요.

➡ ______________________________。

④ Yi$^5$ ging$^1$ hou$^2$ ngaan$^3$, daan$^6$ hai$^6$ ngo$^5$ zhung$^6$ ga$^1$ gan$^2$ baan$^1$.

이미 (시간이) 엄청 늦었지만, 저는 아직 야근을 하고 있어요.

➡ ______________________________。

⑤ Yü$^4$ gwo$^2$ beng$^6$ zho$^2$, zhau$^6$ m$^4$ hou$^2$ faan$^1$ gung$^1$ la$^3$.

만약 아프면, 출근하지 마세요.

➡ ______________________________。

## 2 다음 단어를 올바르게 배열하여 문장을 만들어 보세요.

예시 呀/ 做 / 你 / 緊 / 乜嘢　당신은 무엇을 하고 있나요?

➡ 你做緊乜嘢呀?

① 我 / 緊 / 報告 / 寫　저는 보고서를 쓰고 있어요.

➡ ____________________。

② 唔 / 落雨 / 就 / 如果 / 去　만약 비가 오면 안 갈래요.

➡ ____________________。

③ 我 / 個客 / 打 / 同 / 哥爾夫球 / 緊　저는 고객과 골프를 치고 있어요.

➡ ____________________。

④ 我啦 / 如果 / 返咗嚟 / 嘅話 / 經理 / 就叫　만약 부장님 오시면, 저 좀 불러 주세요.

➡ ____________________。

⑤ 如果 / 就 / 投資 / 利潤 / 高　만약 이율이 높으면 투자할게요.

➡ ____________________。

⑥ 佢哋 / 緊 / 工場 / 嘅 / 中國 / 視察　그들은 중국 공장을 시찰하고 있어요.

➡ ____________________。

**3** 다음 주어진 대화문을 읽고 질문에 광둥어로 답해 보세요.

Ⓐ : 你而家做緊乜嘢呀？
Ⓑ : 我加緊班呀。
Ⓐ : 要加到幾點呀？
Ⓑ : 八點左右啦。因為建議書未做完囉。
Ⓐ : 係呀。噉，你今晚去唔去打邊爐呀？
Ⓑ : 我加完班就去打邊爐。你呢？
Ⓐ : 我而家重做緊嘢。我做完嘢就去打邊爐。

① B는 지금 무엇을 하고 있나요?

➡ ______________________________。

② B는 왜 집에 돌아가지 않나요?

➡ ______________________________。

③ B는 오늘 저녁에 훠궈를 먹나요?

➡ ______________________________。

④ A는 지금 무엇을 하고 있나요?

➡ ______________________________。

⑤ A는 훠궈를 먹나요?

➡ ______________________________。

⑥ A는 언제 훠궈를 먹으러 가나요?

➡ ______________________________。

**4** 다음 주어진 단어를 활용하여 빈칸에 알맞게 답을 써 보세요.

보기 緊 | 信心 | 如果 | 就 | 幫手

① ______ 你病咗，______ 一定要食藥。

만약 아프면, 반드시 약을 먹어야 해요.

② 我重做 ______ 嘢，我做完嘢就嚟。

저는 아직 일을 하고 있어서, 일이 끝나는 대로 올게요.

③ ______ 公司多嘢做，我 ______ 唔返屋企。

만약 회사에 할 일이 많다면, 저는 집에 안 갈게요.

④ 你有冇 ______ 可以用一個星期搞掂？

당신은 일주일 안에 해결할 자신 있나요?

⑤ 使唔使 ______ 呀？

도와 드릴까요?

⑥ 我準備 ______ 會議嘅資料。

저는 회의 자료를 준비하고 있어요.

# Lesson 4

Ngo$^5$ höü$^3$ ngan$^4$ hong$^4$ gam$^6$ chin$^2$

# 我去銀行撳錢。

저는 은행에 가서 돈을 인출해요.

| | 광둥어 | 중국어 | 영어 | 한국어 |
|---|---|---|---|---|
| 1 | mong$^6$ 望 | kàn 看 | Look at, stare at | 동 보다 |
| 2 | zhap$^1$ 執 | shōu shi / zhěng lǐ 收拾 / 整理 | Tidy up | 동 정리하다 |
| 3 | hoi$^1$ 開 | kāi 开 | open, Switch on | 동 (문을) 열다, (불을) 켜다 |
| 4 | gwa$^3$ 掛 | guà 挂 | Hang up | 동 (고리나 못에) 걸다 |
| 5 | cho$^5$ 坐 | zuò 坐 | Sit | 동 앉다 |
| 6 | gei$^3$ (sön$^3$) 寄(信) | jì (xìn) 寄(信) | Send (a letter) | 동 (편지를) 부치다 |
| 7 | zhip$^3$ 接 | jiē 接 | Pick up, receive | 동 받다, 데리러 가다 |
| 8 | yök$^3$ 約 | yuē 约 | Date | 동 약속하다 |
| 9 | baai$^2$ / fong$^3$ 擺 / 放 | bǎi fàng 摆放 | Put, place | 동 놓다, 두다 |

| | 광동어 | 중국어 | 영어 | 한국어 |
|---|---|---|---|---|
| 10 | lo$^{2}$ / ling$^{1}$<br>攞 / 拎 | ná / qǔ<br>拿 / 取 | Pick up, take | (동) 가져가다, 뽑다 |
| 11 | gam$^{6}$ chin$^{2}$<br>撳錢 | qǔ qián<br>取钱 | Withdraw money | (동) 인출하다, 돈을 찾다 |
| 12 | ying$^{1}$ sing$^{4}$<br>應承 | chéng nuò<br>承诺 | Promise | (동) 약속하다, 승낙하다 |
| 13 | dou$^{6}$ hip$^{3}$<br>道歉 | dào qiàn<br>道歉 | Apologize | (동) 사과하다 |
| 14 | chöt$^{1}$ löng$^{4}$<br>出糧 | fā xīn<br>发薪 | Pay salary | (동) 급여를 지급하다 |
| 15 | paai$^{4}$ döü$^{2}$<br>排隊 | pái duì<br>排队 | Line up | (동) 줄을 서다 |
| 16 | mong$^{4}$<br>忙 | máng<br>忙 | Busy | (형) 바쁘다 |
| 17 | dak$^{1}$ haan$^{4}$<br>得閒 | yǒu kòng<br>有空 | Free | 시간이 있다,<br>짬이 나다 |
| 18 | zhung$^{6}$ yiu$^{3}$<br>重要 | zhòng yào<br>重要 | Important | (형) 중요하다 |
| 19 | gwo$^{2}$ zhap$^{1}$<br>果汁 | guǒ zhī<br>果汁 | Juice | (명) 주스 |
| 20 | wui$^{6}$ yi$^{5}$ sat$^{1}$<br>會議室 | huì yì shì<br>会议室 | Conference room | (명) 회의실 |
| 21 | dang$^{1}$<br>燈 | dēng<br>灯 | Lights | (명) 등, 등불 |
| 22 | mun$^{4}$<br>門 | mén<br>门 | Door | (명) 문 |
| 23 | chöng$^{4}$<br>牆 | qiáng bì<br>墙壁 | Wall | (명) 벽 |

| | 광둥어 | 중국어 | 영어 | 한국어 |
|---|---|---|---|---|
| 24 | wa²<br>畫 | huà<br>画 | Paintings | ⓜ 그림 |
| 25 | (sai³ gaai³) dei⁶ tou⁴<br>(世界)地圖 | (shì jiè) dì tú<br>(世界)地图 | (World) Map | ⓜ (세계) 지도 |
| 26 | gwai⁶ tung²<br>櫃桶 | chōu ti<br>抽屉 | Drawers | ⓜ 서랍 |
| 27 | laap⁶ saap³ tung²<br>垃圾桶 | lā jī tǒng<br>垃圾桶 | Rubbish bin | ⓜ 쓰레기통 |
| 28 | zhip³ doi⁶ chü³<br>接待處 | jiē dài chù<br>接待处 | Reception desk | ⓜ 접수처,<br>리셉션 데스크 |
| 29 | söng¹ yip⁶<br>商業 | shāng yè<br>商业 | Commerce, business | ⓜ 상업, 비즈니스 |
| 30 | zhung² zhi¹<br>總之 | zǒng zhī<br>总之 | Anyway | ⓙ 어쨌든,<br>한마디로 말하자면 |
| 31 | sön⁶ bin²<br>順便 | shùn biàn<br>顺便 | Incidentally / take the opportunity to do sth | ⓑ ~하는 김에 |
| 32 | zhau⁶ lai⁴<br>就嚟 | kuài yào<br>快要 | Soon | ⓑ 곧, 머지않아 |
| 33 | a¹<br>吖 | a<br>啊 | Would you······<br>(To recommend or invite) | ⓩ 제안이나 요청의<br>어기를 나타냄 |

| | | | | |
|---|---|---|---|---|
| 34 | Dou¹ hou² a³!<br>都好呀！ | Yě hǎo a!<br>也好啊！ | That sounds good! | 그것도 좋아요! |
| 35 | Zhou⁶ me¹ a³?<br>做咩呀？ | Gàn shén me a?<br>干什么啊？ | What happened? | 무슨 일이에요?<br>뭐하는 거예요? |

## 주제별 단어 배우GO!

hoi[1]
開
kāi
开
open, Switch on
(문을) 열다, (불을) 켜다

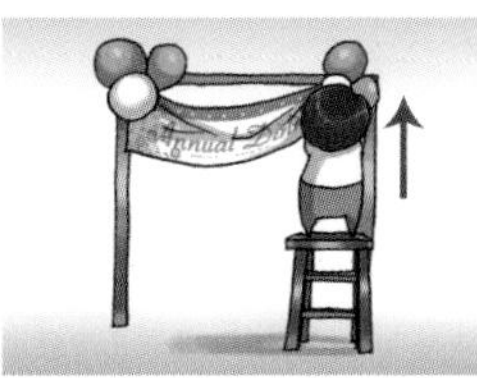

gwa[3]
掛
guà
挂
Hang up
(고리나 못에) 걸다

cho[5]
坐
zuò
坐
Sit
앉다

gam[6] chin[2]
撳錢
qǔ qián
取钱
Withdraw money
인출하다, 돈을 찾다

dou[6] hip[3]
道歉
dào qiàn
道歉
Apologize
사과하다

dang[1]
燈
dēng
灯
Lights
등, 등불

mun[4]
門
mén
门
Door
문

wa[2]
畫
huà
画
Paintings
그림

gwai[6] tung[2]
櫃桶
chōu ti
抽屜
Drawers
서랍

laap[6] saap[3] tung[2]
垃圾桶
lā jī tǒng
垃圾桶
Rubbish bin
쓰레기통

mong$^{4}$

忙

máng

忙

Busy

바쁘다

dak$^{1}$ haan$^{4}$

得閒

yǒu kòng

有空

Free

시간이 있다, 짬이 나다

gwo$^{2}$ zhap$^{1}$

果汁

guǒ zhī

果汁

Juice

주스

(sai$^{3}$ gaai$^{3}$) dei$^{6}$ tou$^{4}$

(世界)地圖

(shì jiè) dì tú

(世界)地图

(World) Map

(세계) 지도

zhip$^{3}$ doi$^{6}$ chü$^{3}$

接待處

jiē dài chù

接待处

Reception desk

접수처, 리셉션 데스크

## ① 住 zhü⁶ ~한 채로 있다, ~한 채로, ~하면서(동작이나 상태의 지속을 나타내거나 두 가지 동작을 동시에 수행할 때 사용)

### 1) 주어(장소) + 동사 + 住(~한 채로 있다) + 목적어

| 광둥어 | 중국어 |
|---|---|
| Wui⁶ yi⁵ sat¹ chöng⁴ söng⁶ min⁶ gwa³ zhü⁶ fuk¹ dei⁶ tou⁴.<br>會議室牆上面掛住幅地圖。 | Huì yì shì de qiáng bì shang guà zhe yì fú dì tú.<br>会议室的墙壁上挂着一幅地图。 |

### 2) 주어 + 동사 + 住(~한 채로 있다) + (목적어) + 先(먼저)

| 광둥어 | 중국어 |
|---|---|
| Ngo⁵ dei⁶ king¹ zhü⁶ sin¹.<br>我哋傾住先。 | Wǒ men xiān tán.<br>我们先谈。 |
| Hoi¹ zhü⁶ wui² sin¹ la¹.<br>開住會先啦。 | Xiān kāi huì.<br>先开会。 |

### 3) 주어 + 동사¹ + 住(~한 채로, ~하면서) + 목적어 + 동사²

| 광둥어 | 중국어 |
|---|---|
| Köü⁵ mong⁶ zhü⁶ ngo⁵ siu³.<br>佢望住我笑。 | Tā duì zhe wǒ xiào.<br>她对着我笑。 |

| 영어 | 한국어 |
| --- | --- |
| There is a map hanging on the wall in the conference room. | 회의실 벽에 지도가 하나 걸려 있어요. |

| 영어 | 한국어 |
| --- | --- |
| Let us just talk first. | 저희 먼저 이야기 나눌게요. |
| Let us have the meeting first. | 먼저 회의하고 있을게요. |

| 영어 | 한국어 |
| --- | --- |
| She is smiling while looking at me. | 그녀는 저를 보며 웃어요. |

## ② 定……先 ding⁶……sin¹ 먼저 ~해 두다(무언가를 미리 준비해 둘 때 사용)

1) 주어 + 동사 + 定(~해 두다) + 목적어 + 先(먼저) + 吖

| 광둥어 | 중국어 |
|---|---|
| Nei5 zhou6 ding6 fan6 bou3 ga3 daan1 sin1 a1.<br>你做定份報價單先吖。 | Nǐ xiān zuò bào jià dān ba.<br>你先做报价单吧。 |

## ③ 去 höü³ / 嚟 lai⁴ ~에 가다 / 오다

1) 주어 + 去 / 嚟(~에 가다 / 오다) + 장소 + 동작

| 광둥어 | 중국어 |
|---|---|
| Ngo5 höü3 wui6 yi5 sat1 ling1 zhi1 liu2.<br>我去會議室拎資料。 | Wǒ qù huì yì shì ná zī liào.<br>我去会议室拿资料。 |

## ④ 동작¹ + 동작² 두 가지 동작이 순차적으로 발생함을 나타냄

1) 주어 + 동작¹ + 동작²

| 광둥어 | 중국어 |
|---|---|
| Ngo5 gam6 chin2 maai5 ye5.<br>我撳錢買嘢。 | Wǒ qǔ qián mǎi dōng xi.<br>我取钱买东西。 |

| 영어 | 한국어 |
| --- | --- |
| Please prepare the quotation first. | 당신은 먼저 견적서를 준비해 두세요. |

| 영어 | 한국어 |
| --- | --- |
| I am going to the conference room to take the materials. | 저는 회의실에 가서 자료를 가지고 올게요. |

| 영어 | 한국어 |
| --- | --- |
| I am going to withdraw the money and then go shopping. | 저는 돈을 찾아서 물건을 사요. |

## ⑤ **之前** zhi$^{1}$ chin$^{4}$ / **之後** zhi$^{1}$ hau$^{6}$ ~전, ~앞, ~하기 전에 / ~후, ~뒤, ~하고 나서

**1) 동작$^{1}$ + 之前(~하기 전에) + 동작$^{2}$**

| 광둥어 | 중국어 |
|---|---|
| Faan$^{1}$ gung$^{1}$ zhi$^{1}$ chin$^{4}$ sik$^{6}$ zhou$^{2}$ chaan$^{1}$.<br>返工之前食早餐。 | Shàng bān zhī qián chī zǎo cān.<br>上班之前吃早餐。 |

**2) 동작$^{1}$ + 咗 + 之後(~하고 나서) + 동작$^{2}$**

| 광둥어 | 중국어 |
|---|---|
| Fong$^{3}$ zho$^{2}$ gung$^{1}$ zhi$^{1}$ hau$^{6}$ höü$^{3}$ tai$^{2}$ hei$^{3}$.<br>放咗工之後去睇戲。 | Xià bān zhī hòu qù kàn diàn yǐng.<br>下班之后去看电影。 |

**3) 시간 + 之前(~전, ~앞) / 之後(~후, ~뒤)**

| 광둥어 | 중국어 |
|---|---|
| Yat$^{1}$ nin$^{4}$ zhi$^{1}$ chin$^{4}$<br>一年之前 | Yì nián qián<br>一年前 |
| Sap$^{6}$ nin$^{4}$ zhi$^{1}$ hau$^{6}$<br>十年之後 | Shí nián hòu<br>十年后 |

| 영어 | 한국어 |
|---|---|
| Before going to work,<br>I have my breakfast. | 출근하기 전에 아침을 먹어요. |

| 영어 | 한국어 |
|---|---|
| Go to watch a movie after work. | 퇴근하고 나서 영화를 보러 가요. |

| 영어 | 한국어 |
|---|---|
| A year ago | 1년 전 |
| Ten years later | 10년 후 |

Lesson 4

1 **住** zhü⁶ ~한 채로 있다, ~한 채로, ~하면서(동작이나 상태의 지속을 나타내거나 두 가지 동작을 동시에 수행할 때 사용)

| | 광둥어 | 중국어 |
|---|---|---|
| 1 | Go² dou⁶ fong³ zhü⁶ yat¹ bou⁶ din⁶ nou⁵.<br>嗰度放住一部電腦。 | Nà li fàng zhe yí bù diàn nǎo.<br>那里放着一部电脑。 |
| 2 | Chöng⁴ söng⁶ min⁶ gwa³ zhü⁶ yat¹ fuk¹ sai³ gaai³ dei⁶ tou⁴.<br>牆上面掛住一幅世界地圖。 | Qiáng bì shang guà zhe yì fú shì jiè dì tú.<br>墙壁上挂着一幅世界地图。 |
| 3 | Chan⁴ siu² zhe² ling¹ zhü⁶ yat¹ go³ san¹ ge³ doi².<br>陳小姐拎住一個新嘅袋。 | Chén xiǎo jie tí zhe yí ge xīn de bāor.<br>陈小姐提着一个新的包儿。 |
| 4 | Ngo⁵ yi⁴ ga¹ höü³ gam⁶ chin²,<br>nei⁵ hai² dou⁶ paai⁴ zhü⁶ döü² sin¹ la¹.<br>我而家去撳錢，<br>你喺度排住隊先啦。 | Wǒ xiàn zài qù qǔ qián,<br>nǐ xiān zài zhè li pái duì.<br>我现在去取钱，<br>你先在这里排队。 |

| 영어 | 한국어 |
|---|---|
| There is a computer over there. | 저기에 컴퓨터가 한 대 놓여 있어요. |
| There is a world map hanging on the wall. | 벽에 세계지도가 하나 걸려 있어요. |
| Miss Chan is carrying a new bag. | 미스 진은 새 가방을 들고 있어요. |
| I am going to withdraw money now, you line up here first. | 저는 지금 돈을 찾으러 갈 테니, 당신은 먼저 여기에 줄 서고 있으세요. |

## 1 住 zhü⁶ ~한 채로 있다, ~한 채로, ~하면서(동작이나 상태의 지속을 나타내거나 두 가지 동작을 동시에 수행할 때 사용)

| | 광둥어 | 중국어 |
|---|---|---|
| 5 | Zhi[1] liu[2] hou[2] do[1] wo[3].<br>Nei[5] fong[3] zhü[6] hai[2] dou[6] sin[1] a[1].<br>資料好多喎。<br>你放住喺度先吖。 | Hěn duō zī liào o.<br>Nǐ xiān fàng zài zhè li.<br>很多资料哦。<br>你先放在这里。 |
| 6 | Yan[1] wai[6] zhi[1] hau[6] yau[5] go[3] wui[6] yi[5], so[2] yi[5] di[1] dang[3] fong[3] zhü[6] hai[2] gaan[1] fong[2] sin[1] la[1].<br>因為之後有個會議，<br>所以啲櫈放住喺間房先啦。 | Yīn wèi zhī hòu yǒu huì yì, suǒ yǐ bǎ yǐ zi xiān fàng zài zhè jiān fáng jiān.<br>因为之后有会议，<br>所以把椅子先放在这间房间。 |
| 7 | Wui[6] yi[5] sat[1] mou[5] yan[4],<br>daan[6] hai[6] hoi[1] zhü[6] dang[1].<br>會議室冇人，<br>但係開住燈。 | Huì yì shì méi yǒu rén,<br>dàn hái shi kāi zhe dēng.<br>会议室没有人，<br>但还是开着灯。 |

| 영어 | 한국어 |
| --- | --- |
| There are a lot of materials, please put them here first. | 자료가 엄청 많네요. 일단 여기에 두세요. |
| As there is a meeting later, please leave the chairs inside the room first. | 이따가 회의가 있기 때문에, 의자를 일단 이 방에 두세요. |
| There is nobody in the conference room, but the light is on. | 회의실에 아무도 없는데도, 불이 켜져 있어요. |

## 2 定……先 ding⁶……sin¹ 먼저 ~해 두다(무언가를 미리 준비해 둘 때 사용)

| | 광둥어 | 중국어 |
|---|---|---|
| 1 | Ngo⁵ ting¹ yat⁶ höü³ Yat⁶ bun² chöt¹ chaai¹, so² yi⁵ zhap¹ ding⁶ hang⁴ lei⁵ sin¹.<br>我聽日去日本出差，<br>所以執定行李先。 | Wǒ míng tiān qù Rì běn chū chāi, suǒ yǐ xiān zhěng lǐ xíng li.<br>我明天去日本出差，<br>所以先整理行李。 |
| 2 | Yan¹ wai⁶ zhau⁶ lai⁴ hoi¹ wui², so² yi⁵ zhön² bei⁶ ding⁶ di¹ man⁴ gin² sin¹ la¹.<br>因為就嚟開會，<br>所以準備定啲文件先啦。 | Yīn wèi dāi huìr kāi huì, suǒ yǐ xiān zhǔn bèi wén jiàn.<br>因为待会儿开会，<br>所以先准备文件。 |
| 3 | Hoi¹ wui² zhi¹ chin⁴ tai² ding⁶ zhi¹ liu² sin¹.<br>開會之前睇定資料先。 | Kāi huì zhī qián xiān kàn zī liào.<br>开会之前先看资料。 |
| 4 | Zhau⁶ lai⁴ fong³ gung¹ la³.<br>Nei⁵ ho² yi⁵ zhap¹ ding⁶ ye⁵ sin¹.<br>就嚟放工喇。<br>你可以執定嘢先。 | Kuài yào xià bān le.<br>Nǐ kě yǐ xiān shōu shi wù pǐn.<br>快要下班了。<br>你可以先收拾物品。 |

| 영어 | 한국어 |
| --- | --- |
| I will go on a business trip to Japan tomorrow, so I am packing my luggage first. | 저는 내일 일본 출장을 가서, 짐 정리 먼저 할게요. |
| The meeting is going to start, so please have the documents ready first. | 이따가 회의가 있어서, 문서 준비 먼저 할게요. |
| Read the information before the meeting. | 회의 전에 자료 먼저 볼게요. |
| It's about time to finish work, you may pack your things first. | 곧 있으면 퇴근이에요. 당신은 짐 정리 먼저 하고 있어도 돼요. |

## 2 定……先 ding6……sin1 ~해 두다[무언가를 미리 준비해 둘 때 사용]

| | 광둥어 | 중국어 |
|---|---|---|
| 5 | Yan1 wai6 zhöü3 gan6 höü3 Yat6 bun2 chöt1 chaai1 ge3 yan4 hou2 do1, so2 yi5 deng6 ding6 zhau2 dim3 sin1.<br>因為最近去日本出差嘅人好多，<br>所以訂定酒店先。 | Yīn wèi zuì jìn qù Rì běn chū chāi de rén hěn duō, suǒ yǐ xiān bǎ jiǔ diàn dìng le.<br>因为最近去日本出差的人很多，<br>所以先把酒店订了。 |
| 6 | Chan4 sin1 saang1 zhau6 lai4 dou3 Höng1 gong2, nei5 höü3 ding6 gei1 chöng4 zhip3 köü5 sin1 la1.<br>陳先生就嚟到香港，<br>你去定機場接佢先啦。 | Chén xiān sheng jiù kuài dào Xiāng gǎng le, nǐ xiān chū fā qù jī chǎng jiē tā.<br>陈先生就快到香港了，<br>你先出发去机场接他。 |
| 7 | Yan1 wai6 hou2 do1 sön3 gei3, so2 yi5 maai5 ding6 yau4 piu3 sin1.<br>因為好多信寄，<br>所以買定郵票先。 | Yīn wèi yǒu hěn duō xìn jiàn yào jì, suǒ yǐ xiān mǎi xiē yóu piào.<br>因为有很多信件要寄，<br>所以先买些邮票。 |

| 영어 | 한국어 |
|---|---|
| There are lots of people going on business trip to Japan recently, so I'd better reserve the hotel first. | 최근 일본으로 출장가는 사람들이 많아서, 호텔 먼저 예약했어요. |
| Mr. Chan is arriving in Hong Kong soon, go to the airport first to pick him up, please. | 진 선생님께서 곧 홍콩에 도착하시니, 당신은 먼저 공항으로 마중 나가세요. |
| There are lots of letters to be sent, please buy the stamps first. | 보내야 할 우편물이 많으니, 우표 좀 먼저 사세요. |

## 3 去 höü³ / 嚟 lai⁴ ~에 가다 / 오다

| | 광둥어 | 중국어 |
|---|---|---|
| 1 | Ngo⁵ höü³ Zhung¹ gwok³ chöt¹ chaai¹.<br>我去中國出差。 | Wǒ qù Zhōng guó chū chāi.<br>我去中国出差。 |
| 2 | Ngo⁵ höü³ ngan⁴ hong⁴ gam⁶ chin².<br>我去銀行撳錢。 | Wǒ qù yín háng qǔ qián.<br>我去银行取钱。 |
| 3 | Köü⁵ höü³ yau⁴ guk⁶ gei³ sön³.<br>佢去郵局寄信。 | Tā qù yóu jú jì xìn.<br>她去邮局寄信。 |
| 4 | Ngo⁵ höü³ sü¹ guk² maai⁵ söng¹ yip⁶ ge³ sü¹.<br>我去書局買商業嘅書。 | Wǒ qù shū diàn mǎi shāng yè de shū.<br>我去书店买商业的书。 |

| 영어 | 한국어 |
| --- | --- |
| I go on a business trip to China. | 저는 중국으로 출장을 가요. |
| I go to the bank to withdraw money. | 저는 은행에 가서 돈을 찾아요. |
| She goes to the post office to send a letter. | 그녀는 우체국에 가서 편지를 부쳐요. |
| I go to the bookstore to buy business books. | 저는 서점에 가서 비즈니스 책을 사요. |

## 3 去 hoü$^3$ / 嚟 lai$^4$ ~에 가다 / 오다

| | 광둥어 | 중국어 |
|---|---|---|
| 5 | Tung$^4$ si$^6$ lai$^4$ ngo$^5$ nguk$^1$ kei$^2$ zhü$^6$.<br>同事嚟我屋企住。 | Tóng shì lái wǒ jiā zhù.<br>同事来我家住。 |
| 6 | Ngo$^5$ tung$^4$ tung$^4$ si$^6$ hoü$^3$ hei$^3$ yün$^2$ tai$^2$ hei$^3$.<br>我同同事去戲院睇戲。 | Wǒ hé tóng shì qù diàn yǐng yuàn kàn diàn yǐng.<br>我和同事去电影院看电影。 |
| 7 | Ngo$^5$ hoü$^3$ Zhim$^1$ sa$^1$ zhoü$^2$ gin$^3$ haak$^3$.<br>我去尖沙咀見客。 | Wǒ qù Jiān shā zuǐ jiàn kè hù.<br>我去尖沙咀见客户。 |
| 8 | Chan$^4$ sin$^1$ saang$^1$ lai$^4$ ngo$^5$ gung$^1$ si$^1$ hoi$^1$ wui$^2$.<br>陳先生嚟我公司開會。 | Chén xiān sheng lái wǒ gōng sī kāi huì.<br>陈先生来我公司开会。 |
| 9 | Tin$^4$ zhung$^1$ sin$^1$ saang$^1$ lai$^4$ Höng$^1$ gong$^2$ si$^6$ chaat$^3$ fan$^1$ gung$^1$ si$^1$.<br>田中先生嚟香港視察分公司。 | Tián zhōng xiān sheng lái Xiāng gǎng shì chá fēn gōng sī.<br>田中先生来香港视察分公司。 |

| 영어 | 한국어 |
|---|---|
| My colleague comes to stay at my house. | 제 직장 동료는 저희 집에 와서 살아요. |
| I go to the cinema to watch a movie with my colleagues. | 저와 제 직장 동료는 영화관에 가서 영화를 봐요. |
| I go to meet my client in Tsim Sha Tsui. | 저는 침사추이에 가서 고객을 만나요. |
| Mr. Chan is coming to attend a meeting at my office. | 진 선생님은 회의를 하러 저희 회사에 오세요. |
| Mr. Tanaka comes to Hong Kong to visit the branches. | 다나카 선생님은 홍콩에 지사를 시찰하러 오세요. |

## 4 동작¹ + 동작² 두 가지 동작이 순차적으로 발생함을 나타냄

| | 광둥어 | 중국어 |
|---|---|---|
| 1 | Ngo⁵ maai⁵ lai⁵ mat⁶ bei² zhung² ging¹ lei⁵.<br>我買禮物俾總經理。 | Wǒ mǎi lǐ wù gěi zǒng jīng lǐ.<br>我买礼物给总经理。 |
| 2 | Ngo⁵ gam⁶ chin² maai⁵ san¹ din⁶ nou⁵.<br>我撳錢買新電腦。 | Wǒ qǔ qián mǎi xīn diàn nǎo.<br>我取钱买新电脑。 |
| 3 | Ngo⁵ mui⁵ yat⁶ daap³ ba¹ si² faan¹ gung¹.<br>我每日搭巴士返工。 | Wǒ měi tiān chéng bā shì shàng bān.<br>我每天乘巴士上班。 |
| 4 | Ngo⁵ ying² yan³ di¹ zhi¹ liu² se² bou³ gou³.<br>我影印啲資料寫報告。 | Wǒ fù yìn xiē zī liào xiě bào gào.<br>我复印些资料写报告。 |

| 영어 | 한국어 |
|---|---|
| I buy a present and give it to the general manager. | 저는 선물을 사서 사장님께 드려요. |
| I withdraw some money and buy a new computer. | 저는 돈을 찾아서 새 컴퓨터를 사요. |
| I go to the office by bus every day. | 저는 매일 버스를 타고 출근해요. |
| I copy some information and write a report. | 저는 자료들을 복사하고 보고서를 작성해요. |

## 4 동작$^{1}$ + 동작$^{2}$ 두 가지 동작이 순차적으로 발생함을 나타냄

| | 광둥어 | 중국어 |
|---|---|---|
| 5 | Chan$^{4}$ siu$^{2}$ zhe$^{2}$ zhök$^{3}$ san$^{1}$ saam$^{1}$ faan$^{1}$ gung$^{1}$.<br>陳小姐著新衫返工。 | Chén xiǎo jie chuān xīn yī fu shàng bān.<br>陈小姐穿新衣服上班。 |
| 6 | Ngo$^{5}$ lo$^{2}$ ga$^{3}$ höü$^{3}$ Yat$^{6}$ bun$^{2}$ löü$^{5}$ hang$^{4}$.<br>我攞假去日本旅行。 | Wǒ xiū jià qù Rì běn lǚ xíng.<br>我休假去日本旅行。 |
| 7 | Ngo$^{5}$ da$^{2}$ din$^{6}$ wa$^{2}$ bei$^{2}$ haak$^{3}$ yan$^{4}$ dou$^{6}$ hip$^{3}$.<br>我打電話俾客人道歉。 | Wǒ dǎ diàn huà gěi kè hù dào qiàn.<br>我打电话给客户道歉。 |
| 8 | Ngo$^{5}$ zha$^{1}$ che$^{1}$ höü$^{3}$ dei$^{6}$ tit$^{3}$ zhaam$^{6}$ zhip$^{3}$ zhung$^{2}$ ging$^{1}$ lei$^{5}$.<br>我揸車去地鐵站接總經理。 | Wǒ kāi chē qù dì tiě zhàn jiē zǒng jīng lǐ.<br>我开车去地铁站接总经理。 |

| 영어 | 한국어 |
| --- | --- |
| Miss Chan wears new clothes and goes to work. | 미스 진은 새 옷을 입고 출근해요. |
| I take leave and go for a trip to Japan. | 저는 휴가를 내고 일본으로 여행 가요. |
| I called the client to apologize. | 저는 고객에게 전화를 걸어 사과해요. |
| I drive to the MTR station to pick up the president. | 저는 차를 몰고 지하철역으로 사장님을 모시러 가요. |

Lesson 4

## 5 之前 zhi1 chin4 / 之後 zhi1 hau6 ~전, ~앞, ~하기 전에 / ~후, ~뒤, ~하고 나서

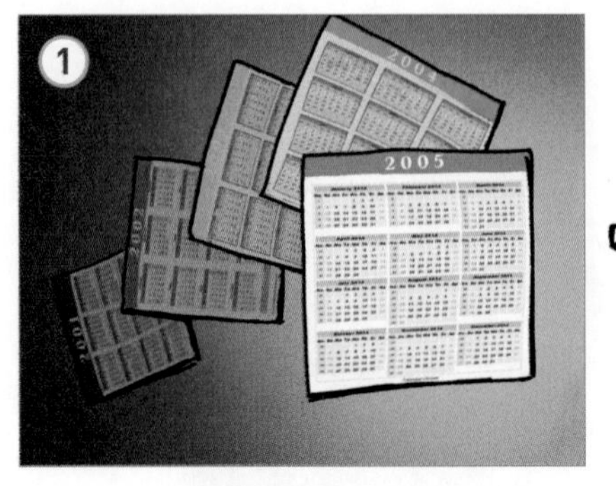

| | 광둥어 | 중국어 |
|---|---|---|
| 1 | Ng5 nin4 zhi1 hau6, ngo5 faan1 Yat6 bun2.<br>五年之後，我返日本。 | Wǔ nián zhī hòu, wǒ huí Rì běn.<br>五年之后，我回日本。 |
| 2 | Fong3 ga3 zhi1 chin4, ngo5 yiu3 zhou6 saai3 di1 gung1 zhok1 sin1.<br>放假之前，我要做晒啲工作先。 | Fàng jià zhī qián, wǒ yào xiān wán chéng gōng zuò.<br>放假之前，我要先完成工作。 |
| 3 | Ngo5 sing1 zhik1 zhi1 hau6 yiu3 chöt1 chaai1.<br>我升職之後要出差。 | Wǒ shēng zhí zhī hòu yào chū chāi.<br>我升职之后要出差。 |
| 4 | Yip6 ging1 lei5 mui5 zhiu1 faan1 gung1 zhi1 chin4 höü3 yau4 söü2.<br>葉經理每朝返工之前去游水。 | Yè jīng lǐ měi zǎo shàng bān zhī qián dōu qù yóu yǒng.<br>叶经理每早上班之前都去游泳。 |
| 5 | Tau4 sin1 ging1 lei5 tung4 nei5 gong2 mat1 ye5 a3?<br>頭先經理同你講乜嘢呀？<br>Ging1 lei5 giu3 ngo5 gam1 yat6 sei3 dim2 zhi1 zhin4 yiu3 se2 yün4 fan6 bou3 gou3.<br>經理叫我今日四點之前要寫完份報告。 | Gāng gāng jīng lǐ gēn nǐ shuō shén me ya?<br>刚刚经理跟你说什么呀？<br>Jīng lǐ jiào wǒ jīn tiān sì diǎn zhī qián yào xiě wán bào gào.<br>经理叫我今天四点之前要写完报告。 |
| 6 | Zhung2 ging1 lei5 gam1 yat6 yiu3 chöt1 höü3 hoi1 wui2, ng5 dim2 zhi1 hau6 sin1 faan1 lai4.<br>總經理今日要出去開會，五點之後先返嚟。 | Zǒng jīng lǐ jīn tiān yào chū qù kāi huì, wǔ diǎn zhī hòu cái huí lái.<br>总经理今天要出去开会，五点之后才回来。 |

| 영어 | 한국어 |
|---|---|
| I will return to Japan after five years. | 5년 후에 저는 일본으로 돌아가요. |
| I have to finish all the work before the vacation. | 휴가를 가기 전에 저는 먼저 일을 다 끝내야 해요. |
| I will have to go on a business trip after the promotion. | 저는 승진한 후에 출장을 가야 해요. |
| Manager Yip goes swimming every morning before going to work. | 엽 부장님은 매일 아침 출근하기 전에 수영을 하러 가요. |
| What did the manager tell you just now?<br><br>He told me to finish writing the report before 4 o'clock today. | 방금 부장님께서 당신에게 뭐라고 말씀하셨어요?<br><br>부장님께서 저에게 오늘 네 시 전까지 보고서를 다 작성해야 한다고 하셨어요. |
| The general manager will go out for a meeting today and return after 5 o'clock. | 사장님은 오늘 회의를 하러 나가셔야 해서, 다섯 시 이후에야 돌아오세요. |

| | 광둥어 |
|---|---|
| <br>陳先生 | Lam$^4$ siu$^2$ zhe$^2$, nei$^5$ ting$^1$ maan$^5$ dak$^1$ m$^4$ dak$^1$ haan$^4$ a$^3$?<br>林小姐，你聽晚得唔得閒呀？ |
| <br>林小姐 | Ngo$^5$ ting$^1$ maan$^5$ dak$^1$ haan$^4$. Chan$^4$ sin$^1$ saang$^1$, zhou$^6$ me$^1$ a$^3$?<br>我聽晚得閒。陳先生，做咩呀？ |
| <br>陳先生 | Ngo$^5$ ting$^1$ maan$^5$ tung$^4$ zhung$^2$ ging$^1$ lei$^5$ höü$^3$ Zhim$^1$ sa$^1$ zhöü$^2$ gin$^3$ haak$^3$,<br>我聽晚同總經理去尖沙咀見客，<br>nei$^5$ yat$^1$ m$^4$ yat$^1$ chai$^4$ höü$^3$ a$^3$?<br>你一唔一齊去呀？ |
| <br>林小姐 | Dou$^1$ hou$^2$ bo$^3$. Bat$^1$ gwo$^3$ ngo$^5$ ting$^1$ yat$^6$ yiu$^3$ se$^2$ bou$^3$ ga$^3$ daan$^1$…….<br>都好嚊。不過我聽日要寫報價單……。<br>Zhung$^2$ zhi$^1$, ngo$^5$ ying$^1$ sing$^4$ zhü$^6$ nei$^5$ sin$^1$.<br>總之，我應承住你先。 |

| | 중국어 |
|---|---|
| <br>陈先生 | Lín xiǎo jie, nǐ míng tiān wǎn shang yǒu kòng ma?<br>林小姐，你明天晚上有空吗？ |
| <br>林小姐 | Wǒ míng tiān wǎn shang yǒu kòng. Chén xiān sheng, gàn shén me a?<br>我明天晚上有空。陈先生，干什么啊？ |
| <br>陈先生 | Wǒ míng tiān wǎn shang gēn zǒng jīng lǐ yì qǐ qù Jiān shā zuǐ jiàn kè hù,<br>我明天晚上跟总经理一起去尖沙咀见客户，<br>nǐ yào bu yào yì qǐ qù a?<br>你要不要一起去啊？ |
| <br>林小姐 | Yě kě yǐ a. Bú guò wǒ míng tiān yào xiě bào jià dān…….<br>也可以啊。不过我明天要写报价单……。<br>Zǒng zhī, wǒ xiān dā ying nǐ.<br>总之，我先答应你。 |

Lesson 4

**해석**

진 선생님 : 미스 림, 내일 저녁에 시간 있어요?

미스 림 : 저 내일 저녁에 시간 있어요. 진 선생님, 무슨 일이시죠?

진 선생님 : 내일 저녁에 사장님과 함께 침사추이에 고객을 만나러 가는데,
당신도 같이 가실래요?

미스 림 : 좋아요. 그런데 제가 내일 견적서를 작성해야 해서…….
어쨌든 일단 가는 것으로 하겠습니다.

| | 광둥어 |
|---|---|

陳先生

Gam$^{2}$, ngo$^{5}$ ting$^{1}$ maan$^{5}$ hai$^{2}$ Zhim$^{1}$ sa$^{1}$ zhöü$^{2}$ dei$^{6}$ tit$^{3}$ zhaam$^{6}$ ge$^{3}$ chöt$^{1}$ hau$^{2}$ dang$^{2}$ nei$^{5}$ a$^{1}$.
噉，我聽晚喺尖沙咀地鐵站嘅出口等你吖。

林小姐

Hou$^{2}$ a$^{3}$.
好呀。

陳先生

Yü$^{4}$ gwo$^{2}$ nei$^{5}$ m$^{4}$ höü$^{3}$, zhau$^{6}$ da$^{2}$ din$^{6}$ wa$^{2}$ bei$^{2}$ ngo$^{5}$ a$^{1}$.
如果你唔去，就打電話俾我吖。

Ngo$^{5}$ ting$^{1}$ yat$^{6}$ tung$^{4}$ zhung$^{2}$ ging$^{1}$ lei$^{5}$ chöt$^{1}$ zho$^{2}$ höü$^{3}$ sin$^{1}$,
我聽日同總經理出咗去先，

Ngo$^{5}$ yi$^{4}$ ga$^{1}$ sön$^{6}$ bin$^{2}$ höü$^{3}$ gam$^{6}$ ding$^{6}$ chin$^{2}$ sin$^{1}$.
我而家順便去撳定錢先。

林小姐

Gam$^{2}$, ngo$^{5}$ dei$^{6}$ ting$^{1}$ yat$^{6}$ gin$^{3}$ a$^{1}$.
噉，我哋聽日見吖。

陳先生

Hou$^{2}$ a$^{3}$. Baai$^{1}$ baai$^{3}$.
好呀。拜拜。

| | 중국어 |
|---|---|
|  陈先生 | Nà, wǒ míng tiān wǎn shang zài Jiān shā zuǐ dì tiě zhàn de chū kǒu děng nǐ a.<br>那，我明天晚上在尖沙咀地铁站的出口等你啊。 |
|  林小姐 | Hǎo a.<br>好啊。 |
|  陈先生 | Rú guǒ nǐ bú qù, jiù dǎ diàn huà gěi wǒ a.<br>如果你不去，就打电话给我啊。<br>Wǒ míng tiān gēn zǒng jīng lǐ xiān chū qù,<br>我明天跟总经理先出去，<br>wǒ xiàn zài shùn biàn xiān qù qǔ qián.<br>我现在顺便先去取钱。 |
|  林小姐 | Nà, wǒ men míng tiān jiàn.<br>那，我们明天见。 |
|  陈先生 | Hǎo a. Zài jiàn.<br>好啊。再见。 |



### 해석

진 선생님 : 그러면 제가 내일 저녁 침사추이 지하철역 출구에서 기다릴게요.

미스 림 : 좋습니다.

진 선생님 : 만약 당신이 못 오면 저에게 전화 주세요.
저는 내일 사장님과 먼저 나가 있을게요.
저는 지금 가는 김에 먼저 돈을 찾으려고요.

미스 림 : 네, 그럼 내일 뵙겠습니다.

진 선생님 : 네, 안녕히 계세요.

**1** 다음 제시된 발음을 보고 광둥어로 써 보세요.

예시 Ngo$^5$ höü$^3$ ngan$^4$ hong$^4$ gam$^6$ chin$^2$. 저는 은행에 가서 돈을 찾아요.

➡ 我去銀行撳錢。

① Nei$^5$ zhön$^2$ bei$^6$ ding$^6$ di$^1$ zhi$^1$ liu$^2$ sin$^1$ a$^1$.

당신은 먼저 자료를 준비하세요.

➡ ______________________________。

② Ngo$^5$ dei$^6$ saam$^1$ dim$^2$ höü$^3$ gei$^1$ chöng$^4$, so$^2$ yi$^5$ nei$^5$ zhap$^1$ ding$^6$ hang$^4$ lei$^5$ sin$^1$ la$^1$.

우리는 세 시에 공항에 가니, 당신은 짐 정리 먼저 하세요.

➡ ______________________________。

③ Köü$^5$ mui$^5$ yat$^6$ dou$^1$ hai$^2$ gung$^1$ si$^1$ sik$^6$ zhou$^2$ chaan$^1$ tung$^4$ maan$^5$ chaan$^1$.

그/그녀는 매일 회사에서 아침과 저녁을 먹어요.

➡ ______________________________。

④ Ging$^1$ lei$^5$ sei$^3$ dim$^2$ zhi$^1$ hau$^6$ m$^4$ hai$^2$ gung$^1$ si$^1$.

부장님은 네 시 이후에는 회사에 안 계세요.

➡ ______________________________。

⑤ Ngo$^5$ höü$^3$ Zhung$^1$ gwok$^3$ chöt$^1$ chaai$^1$.

저는 중국으로 출장을 가요.

➡ ______________________________。

**2** 다음 단어를 올바르게 배열하여 문장을 만들어 보세요.

예시 向 / 佢 / 道歉 / 上司 그/그녀는 상사에게 사과를 해요.

➡ 佢向上司道歉。

① 寄信 / 佢 / 郵局 / 去 그/그녀는 우체국에 가서 편지를 부쳐요.

➡ ________________________________________。

② 去 / 我 / 見客 / 尖沙咀 저는 침사추이에 가서 고객을 만나요.

➡ ________________________________________。

③ 我 / 返工 / 巴士 / 搭 / 每日 저는 매일 버스를 타고 출근해요.

➡ ________________________________________。

④ 買 / 我 / 撳錢 / 電腦 / 新 저는 돈을 찾아서 새 컴퓨터를 사요.

➡ ________________________________________。

⑤ 陳小姐 / 新 / 著 / 返工 / 衫 미스 진은 새 옷을 입고 출근해요.

➡ ________________________________________。

⑥ 升職 / 出差 / 我 / 之後 / 要 저는 승진한 후에 출장을 가야 해요.

➡ ________________________________________。

Lesson 4

**3** 다음 주어진 대화문을 읽고 질문에 광둥어로 답해 보세요.

Ⓐ : 你聽日去日本出差，啲文件準備晒未呀？
Ⓑ : 未呀，而家重準備緊。
Ⓐ : 使唔使幫手呀？
Ⓑ : 好呀，唔該你幫我影印住呢啲文件先吖。
Ⓐ : 重有冇其他？
Ⓑ : 唔該你順便幫我將呢份文件拎俾陳小姐。
Ⓐ : 好。
Ⓑ : 唔該晒。

① B는 언제 출장을 가나요?

➡ ________________________________________________。

② B는 어디로 출장을 가나요?

➡ ________________________________________________。

③ B는 서류 준비를 다 했나요?

➡ ________________________________________________。

④ A는 B를 도와 무엇을 하나요?

➡ ________________________________________________。

⑤ A는 B를 도와 서류를 누구에게 전달하나요?

➡ ________________________________________________。

## 4 다음 주어진 단어를 활용하여 빈칸에 알맞게 답을 써 보세요.

보기 緊 | 定 | 住 | 咗 | 之前

① 佢去 ______ 開會，你坐 ______ 先吖。

그/그녀는 회의하러 갔어요. 당신은 우선 앉아 계세요.

② 會議室牆上面掛 ______ 一幅世界地圖。

회의실 벽에 세계지도가 하나 걸려 있어요.

③ 我後日去出差，而家執 ______ 行李先。

저는 모레 출장을 가니, 지금 짐 정리 먼저 할게요.

④ 我下晝唔得閒，而家去郵局寄 ______ 信先。

저는 오후에 시간이 없으니, 지금 먼저 우체국에 가서 편지를 부칠게요.

⑤ 我哋嚟 ______ ，你哋開 ______ 會先吖。

저희는 가고 있으니, 당신들 먼저 회의하고 있으세요.

⑥ 我返工 ______ 食早餐。

저는 출근하기 전에 아침을 먹어요.

Lesson 4

# GO! 독학 광둥어 실전 비즈니스 부록

# 목차

## 연습 문제 정답

## Lesson 1

**1**

① 你噚日去咗邊度呀?
② 你有冇學過廣東話呀?
③ 因為資料舊咗，所以我而家更新緊。
④ 你呢個禮拜有冇加班呀?
⑤ 你打過哥爾夫球未呀?
⑥ 點解你肥咗咁多嘅?

**2**

① 你收咗幾多錢花紅呀?
② 我上個月去過香港。
③ 你睇咗會議嘅文件未呀?
④ 我去咗旅行，不過冇買手信。
⑤ 你嘅廣東話好咗。
⑥ 我送錯咗文件。

**3**

① B去咗韓國。
② B去咗一個星期。
③ B之前去過韓國。
④ B去過四次韓國。
⑤ B冇買手信。
⑥ 因為B唔夠時間買手信。

**4**

① 咗
② 過，過
③ 咗，冇
④ 過，冇，過
⑤ 咗
⑥ 咗，冇

**지문 해석**

A: 오랜만이에요. 당신은 어디에 갔었어요?
B: 저는 한국에 출장 갔었어요.
A: 당신은 얼마나 머무르셨어요?
B: 저는 일주일 동안 갔었어요.
A: 당신은 예전에 한국에 가 본 적 있나요, 가 본 적 없나요?
B: 있어요, 저는 예전에 한국에 네 번 가 봤어요. 그런데 네 번 다 기념품은 사지 않았어요.
A: 당신은 왜 기념품을 안 샀어요?
B: (기념품을) 살 시간이 부족했기 때문이에요.

## 연습 문제 정답

# Lesson 2

### 1

① 我哋加完班之後就去飲嘢吖。

② 我啱啱寫完建議書。

③ 我重未上完堂。

④ 啲遮全部賣晒喇。

⑤ 你改完嗰份文件未呀?

⑥ 佢出差完返嚟之後就瘦咗。

### 2

① 我準備完報價單喇。

② 我做完嘢就休息。

③ 你哋寫晒份建議書未呀?

④ 我食完晏喇。

⑤ 我做完所有工作喇。

⑥ 佢睇晒本書喇。

### 3

① 係，B係啱啱起身。

② B未寫完報告。

③ B準備晒啲資料。

④ A未準備完啲資料。

⑤ A頭先影印咗啲文件。

⑥ B寫完報告之後就同A一齊準備建議書。

### 4

① 完

② 晒，晒

③ 咗，完，咗

④ 完，咗

⑤ 晒

⑥ 晒 / 完

**지문 해석**

A: 실례합니다.

B: 죄송합니다만, 제가 방금 일어나서, 아직 보고서를 다 못 썼어요.

A: 괜찮습니다.

B: 저는 어젯밤에 자료 준비는 다 끝냈어요. 당신은요?

A: 저는 아직 다 준비 못했어요. 하지만 방금 전 문서들은 복사했어요.

B: 고생하셨어요. 그러면 제 보고서를 다 쓰고, 저희 같이 제안서 준비해요.

A: 좋아요. 기다릴게요.

## 연습 문제 정답

# Lesson 3

**1**

① 我睇緊今個月嘅業績。

② 我而家開緊會，之後打電話俾你。

③ 我哋公司喺度搵緊新嘅供應商。

④ 已經好晏，但係我重加緊班。

⑤ 如果病咗，就唔好返工喇。

**2**

① 我寫緊報告。

② 如果落雨就唔去。

③ 我同個客打緊哥爾夫球。

④ 如果經理返咗嚟嘅話，就叫我啦。

⑤ 如果利潤高就投資。

⑥ 佢哋視察緊中國嘅工場。

**3**

① B加緊班。

② 因為建議書未做完。

③ B今晚去打邊爐。

④ A而家做緊嘢。

⑤ A去打邊爐。

⑥ A做完嘢就去打邊爐。

**4**

① 如果……就

② 緊

③ 如果……就

④ 信心

⑤ 幫手

⑥ 緊

**지문 해석**

A: 당신은 지금 무엇을 하고 있나요?

B: 저는 야근을 하고 있어요.

A: 언제까지 야근하세요?

B: 8시쯤이요. 제안서를 다 쓰지 못했거든요.

A: 그렇군요. 그러면 당신은 오늘 저녁에 훠궈 드실 건가요?

B: 저는 야근하고 나서 훠궈를 먹을 거예요. 당신은요?

A: 저는 지금 아직 일을 하고 있어서, 일 다 끝나고 갈게요.

연습 문제 정답

## Lesson 4

**1**

① 你準備定啲資料先吖。
② 我哋三點去機場，所以你執定行李先啦。
③ 佢每日都喺公司食早餐同晚餐。
④ 經理四點之後唔喺公司。
⑤ 我去中國出差。

**2**

① 佢去郵局寄信。
② 我去尖沙咀見客。
③ 我每日搭巴士返工。
④ 我㩒錢買新電腦。
⑤ 陳小姐著新衫返工。
⑥ 我升職之後要出差。

**3**

① B聽日出差。
② B去日本出差。
③ B未準備晒啲文件。
④ A幫B影印啲文件。
⑤ A順便幫B將文件拎俾陳小姐。

**4**

① 咗，住
② 住
③ 定
④ 定
⑤ 緊，住
⑥ 之前

**지문 해석**

A：당신은 내일 일본으로 출장 가는데, 서류 준비는 다 했나요?
B：아직요. 지금 준비중이에요.
A：도와 드릴까요?
B：네, 죄송하지만, 일단 이 서류들 좀 복사해 주세요.
A：뭐 더 도와 드릴 것이 있나요?
B：죄송하지만, 하는 김에 이 서류를 미스 진에게 전해 주세요.
A：네.
B：감사합니다.

# 주제별 일상 어휘 및 문화

## 1 은행 업무 I

홍콩에서 직장을 다니거나 생활을 할 경우 월급 수령, 카드 신청 그리고 각종 요금 납부를 하기 위해서는 '은행(**銀行, ngan⁴ hong⁴**)' 업무에 대해 자세히 알아야 합니다.

홍콩의 '은행 계좌(**銀行戶口, ngan⁴ hong⁴ wu⁶ hau²**)'는 저축 기간, 인출 빈도, 계좌 잔액 등에 따라 여러 종류로 분류되며, 이자율 또한 상이합니다. 따라서 계좌를 개설하기 전에는 구체적인 용도나 목적을 신중하게 고려하여 개설해야 합니다.

### 1) 일반적인 은행 계좌 종류

| | 광둥어 | 중국어 | 영어 | 한국어 |
|---|---|---|---|---|
| 1 | chü⁵ chuk¹ wu⁶ hau²<br>儲蓄戶口 | chǔ xù zhàng hù<br>储蓄账户 | Savings account | 예금 계좌 |
| 2 | wong⁵ loi⁴ wu⁶ hau² /<br>zhi¹ piu³ wu⁶ hau²<br>往來戶口 / 支票戶口 | wǎng lái zhàng hù /<br>zhī piào zhàng hù<br>往来账户 / 支票账户 | Current account | 당좌 계좌,<br>거래 계좌 |
| 3 | ngoi⁶ bai⁶ wu⁶ hau²<br>外幣戶口 | wài bì zhàng hù<br>外币账户 | Foreign currency savings account | 외화 계좌 |
| 4 | ding⁶ kei⁴ chün⁴ fun² wu⁶ hau²<br>定期存款戶口 | dìng qī cún kuǎn zhàng hù<br>定期存款账户 | Time deposit account | 정기 예금 계좌 |
| 5 | tau⁴ zhi¹ wu⁶ hau²<br>投資戶口 | tóu zī zhàng hù<br>投资账户 | Investment service account | 투자 계좌 |
| 6 | zhung¹ hap⁶ wu⁶ hau²<br>综合戶口 | zōng hé zhàng hù<br>综合账户 | Integrated account | 종합 계좌 |

## 2) 은행 관련 어휘

| | 광둥어 | 중국어 | 영어 | 한국어 |
|---|---|---|---|---|
| 1 | chün$^4$ fun$^2$ / yap$^6$ chin$^2$<br>存款 / 入錢 | cún kuǎn<br>存款 | Deposit | 예금하다,<br>입금하다,<br>저축하다 |
| 2 | tai$^4$ fun$^2$ / lo$^2$ chin$^2$<br>提款 / 攞錢 | tí kuǎn<br>提款 | Withdrawal | 출금하다,<br>인출하다 |
| 3 | zhün$^2$ zhöng$^3$ / gwo$^3$ sou$^3$<br>轉賬 / 過數 | zhuǎn zhàng / guò hù<br>转账 / 过户 | Money transfer | 계좌 이체 |
| 4 | sön$^3$ yung$^6$ kaat$^1$<br>信用卡 | xìn yòng kǎ<br>信用卡 | Credit card | 신용카드 |
| 5 | giu$^2$ fai$^3$ / gaau$^1$ chin$^2$<br>繳費 / 交錢 | jiǎo fèi<br>缴费 | Payment | 요금을 납부하다 |
| 6 | zhi$^6$ dung$^6$ gwai$^6$ yün$^4$ gei$^1$/<br>tai$^4$ fun$^2$ gei$^1$<br>自動櫃員機 / 提款機 | zì dòng tí kuǎn jī<br>自动提款机 | ATM / Cash<br>machine | ATM,<br>현금 자동 인출기 |
| 7 | chün$^4$ zhi$^1$ piu$^3$ gei$^1$<br>存支票機 | cún zhī piào jī<br>存支票机 | Cheque deposit<br>machine | 수표 입금기 |
| 8 | zhi$^1$ piu$^3$<br>支票 | zhī piào<br>支票 | Cheque | 수표 |
| 9 | yin$^6$ gam$^1$<br>現金 | xiàn jīn<br>现金 | Cash | 현금 |
| 10 | chün$^4$ chin$^2$ gei$^1$<br>存錢機 | cún chāo jī<br>存钞机 | Cash deposit<br>machine | 현금 입금기 |
| 11 | git$^3$ yü$^4$<br>結餘 | jié yú<br>结余 | Account balance | 잔액, 잔고 |
| 12 | döü$^3$ wun$^6$ chaau$^1$ piu$^3$ /<br>chöng$^3$ chin$^2$<br>兌換鈔票 / 唱錢 | huàn qián /<br>huàn líng qián<br>换钱 / 换零钱 | To change<br>notes(into smaller<br>notes or into other<br>currencies) | 잔돈으로<br>바꾸다,<br>환전하다 |

chü5 chuk1 wu6 hau2

儲蓄戶口

chǔ xù zhàng hù

储蓄账户

Savings account

예금 계좌

wong5 loi4 wu6 hau2 / zhi1 piu3 wu6 hau2

往來戶口/支票戶口

wǎng lái zhàng hù / zhī piào zhàng hù)

往来账户/支票账户

Current account

당좌 계좌, 거래 계좌

ngoi6 bai6 wu6 hau2

外幣戶口

wài bì zhàng hù

外币账户

Foreign currency savings account

외화 계좌

ding6 kei4 chün4 fun2 wu6 hau2

定期存款戶口

dìng qī cún kuǎn zhàng hù

定期存款账户

Time deposit account

정기 예금 계좌

tau4 zhi1 wu6 hau2

投資戶口

tóu zī zhàng hù

投资账户

Investment service account

투자 계좌

chün4 fun2 / yap6 chin2

存款/入錢

cún kuǎn

存款

Deposit

예금하다, 입금하다, 저축하다

tai4 fun2 / lo2 chin2

提款/攞錢

tí kuǎn

提款

Withdrawal

출금하다, 인출하다

zhün2 zhöng3 / gwo3 sou3

轉帳/過數

zhuǎn zhàng / guò hù

转账/过户

Money transfer

계좌 이체

sön$^{3}$ yung$^{6}$ kaat$^{1}$

信用卡

xìn yòng kǎ

信用卡

Credit card

신용카드

yin$^{6}$ gam$^{1}$

現金

xiàn jīn

现金

Cash

현금

giu$^{2}$ fai$^{3}$ / gaau$^{1}$ chin$^{2}$

繳費/交錢

jiǎo fèi

缴费

Payment

요금을 납부하다

chün$^{4}$ zhi$^{1}$ piu$^{3}$ gei$^{1}$

存支票機

cún zhī piào jī

存支票机

Cheque deposit machine

수표 입금기

chün$^{4}$ chin$^{2}$ gei$^{1}$

存錢機

cún chāo jī

存钞机

Cash deposit machine

현금 입금기

zhi$^{1}$ piu$^{3}$

支票

zhī piào

支票

Cheque

수표

döü$^{3}$ wun$^{6}$ chaau$^{1}$ piu$^{3}$ / chöng$^{3}$ chin$^{2}$

兌換鈔票/唱錢

huàn qián / huàn líng qián

换钱/换零钱

To change notes
(into smaller notes or into other currencies)

잔돈으로 바꾸다, 환전하다

zhi$^{6}$ dung$^{6}$ gwai$^{6}$ yün$^{4}$ gei$^{1}$ / tai$^{4}$ fun$^{2}$ gei$^{1}$

自動櫃員機/提款機

zì dòng tí kuǎn jī

自动提款机

ATM / Cash machine

ATM, 현금 자동 인출기

한편 모든 은행 업무는 '은행 창구(**櫃位, gwai$^{6}$ wai$^{2}$**)'에서 진행하기 때문에 은행은 항상 고객들로 붐빕니다. 따라서 원활하고 빠른 업무 처리를 위해 계좌 번호, 예금주, 금액 등을 미리 작성해 놓은 후 본인 차례가 왔을 때 창구 직원에게 전달하는 것이 좋습니다.

업무를 볼 때 아래와 같은 표현을 참고할 수 있습니다.

| | 광둥어 | 중국어 |
|---|---|---|
| 1 | Ngo$^{5}$ wu$^{6}$ hau$^{2}$ hou$^{6}$ ma$^{5}$ hai$^{6}$…….<br>我戶口號碼係……。 | Wǒ de zhàng hù hào mǎ shì…….<br>我的账户号码是……。 |
| 2 | Ngo$^{5}$ söng$^{2}$ yap$^{6}$ yat$^{1}$ chin$^{1}$ man$^{1}$ dou$^{3}$ ni$^{1}$ go$^{3}$ wu$^{6}$ hau$^{2}$.<br>我想入1,000蚊到呢個戶口。 | Wǒ xiǎng cún yì qiān kuài dào zhè ge zhàng hù.<br>我想存一千块到这个账户。 |
| 3 | Ngo$^{5}$ söng$^{2}$ hai$^{2}$ ni$^{1}$ go$^{3}$ wu$^{6}$ hau$^{2}$ ling$^{1}$ yat$^{1}$ maan$^{6}$ man$^{1}$.<br>我想喺呢個戶口拎10,000蚊。 | Wǒ xiǎng cóng zhè ge zhàng hù tí yí wàn kuài.<br>我想从这个账户提一万块。 |
| 4 | Ngo$^{5}$ söng$^{2}$ gwo$^{3}$ sou$^{3}$ dou$^{3}$ ni$^{1}$ go$^{3}$ wu$^{6}$ hau$^{2}$.<br>我想過數到呢個戶口。 | Wǒ xiǎng zhuǎn zhàng dào zhè ge zhàng hù.<br>我想转账到这个账户。 |
| 5 | Ngo$^{5}$ söng$^{2}$ yap$^{6}$ ni$^{1}$ zhöng$^{1}$ zhi$^{1}$ piu$^{3}$ dou$^{3}$ ni$^{1}$ go$^{3}$ wu$^{6}$ hau$^{2}$.<br>我想入呢張支票到呢個戶口。 | Wǒ xiǎng bǎ zhè zhāng zhī piào cún jìn zhè ge zhàng hù.<br>我想把这张支票存进这个账户。 |
| 6 | Ma$^{4}$ faan$^{4}$ bong$^{1}$ ngo$^{5}$ chöng$^{3}$ yat$^{1}$ chin$^{1}$ man$^{1}$ saan$^{2}$ zhi$^{2}$.<br>麻煩幫我唱1,000蚊散紙。 | Má fan nǐ tì wǒ huàn yì qiān kuài líng qián.<br>麻烦你替我换一千块零钱。 |

| 영어 | 한국어 |
| --- | --- |
| My account no. is……. | 제 계좌 번호는 ~예요. |
| I would like to deposit $1,000 into this account. | 저는 이 계좌에 1,000 홍콩달러를 입금하고 싶어요. |
| I would like to withdraw $10,000 from this account. | 저는 이 계좌에서 10,000 홍콩달러를 인출하고 싶어요. |
| I would like to transfer money into this account. | 저는 이 계좌로 이체하고 싶어요. |
| I would like to bank-in this cheque into this account. | 저는 이 수표를 이 계좌에 입금하고 싶어요. |
| Excuse me, please change this $1,000 into small notes. | 실례합니다만 1,000 홍콩달러를 잔돈으로 바꿔 주세요. |

### 3) 영업 시간

홍콩 대부분 은행의 '영업 시간(**營業時間, ying$^4$ yip$^6$ si$^4$ gaan$^3$**)'은 아래 제시된 표와 같지만, 실제 영업 시간은 지역과 지점에 따라 다를 수 있으니, 정확한 영업 시간은 해당 지점에서 확인해야 합니다.

| 월요일~금요일 | 토요일 | 일요일 |
|---|---|---|
| 09:00-17:00 | 09:00-13:00 | 휴일 |

### 4) 예금 계좌

보통 예금 계좌는 가장 일반적인 유형의 은행 계좌로, '이자(**利息, lei$^6$ sik$^1$**)'가 붙을 뿐 아니라 다른 계좌에 비해 입·출금이 보다 자유롭고 계좌 잔액에 대한 큰 제약이 없습니다. 하지만 급여 계좌 혹은 학생 계좌를 제외한 대부분의 은행 계좌는 모두 '최소 예치금(**最低存款額, zhöü$^3$ dai$^1$ chün$^4$ fun$^2$ ngaak$^2$**)'이 있습니다. 최소 예치금은 최근 세 달 동안의 평균 잔액보다 액수가 커야 하며, 예치금이 평균값 이하일 경우에는 50~100 달러의 은행 수수료를 납부해야 합니다. 보다 자세한 내용은 각 은행에 문의하는 것이 좋습니다.

| 광둥어 | 중국어 | 한국어 |
|---|---|---|
| Zhöü$^3$ dai$^1$ chün$^4$ fun$^2$ ngaak$^2$ hai$^6$ gei$^2$ do$^1$ chin$^2$ a$^3$?<br>最低存款額係幾多錢呀？ | Zuì dī cún kuǎn é shì duō shao kuài?<br>最低存款额是多少块？ | 최소 예치금은 얼마인가요? |
| Sai$^2$ m$^4$ sai$^2$ sau$^1$ sau$^2$ zhuk$^6$ fai$^3$?<br>駛唔駛收手續費？ | Yào shōu shǒu xù fèi ma?<br>要收手续费吗？ | 수수료가 부과되나요? |

### 5) 계좌 개설

'계좌 개설(**開戶, hoi$^1$ wu$^6$**)'을 할 때 홍콩 나이로 만 18세 이상인 영주권자라면 '홍콩 신분증(**香港身份證, Höng$^1$ gong$^2$ san$^1$ fan$^2$ zhing$^3$**)' 및 '거주지 증명서(**住址證明, zhü$^6$ zhi$^2$ zhing$^3$ ming$^4$**)' 원본과 사본 각각 1부씩을 준비해야 합니다. 영주권자가 아니라면 여권 혹은 기타 자신의 신분을 증명할 수 있는 서류를 준비하면 됩니다.

만약 홍콩에 온 지 얼마 되지 않아 거주지 증명서를 제출할 수 없는 상황이라면, 회사에서 발급받은 고용 증명서 혹은 재직 증명서로도 대체할 수 있습니다. 해당 서류에는 자신의 이름, 여권번호/주민번호, 생년월일, 국적, 직무, 현 거주지

(홍콩 주소)가 모두 기입되어 있어야 하며, 급여 명세서 또한 같이 지참해 주는 것이 좋습니다.

한편, 필요한 서류들을 챙겨서 은행에 방문한다면 직원은 '무엇을 도와 드릴까요?'라고 물어볼 것입니다. 그때 '계좌 개설하러 왔어요'라고 답한다면 직원은 아래와 같이 안내해 줄 것입니다.

| 광둥어 | 중국어 | 한국어 |
|---|---|---|
| Hou$^{2}$, ching$^{2}$ gan$^{1}$ ngo$^{5}$ lai$^{4}$ ni$^{1}$ bin$^{1}$.<br>好，請跟我黎呢邊。 | Hǎo, qǐng gēn wǒ wǎng zhè bian zǒu.<br>好，请跟我往这边走。 | 네, 이쪽으로 오세요. |
| Ching$^{2}$ hai$^{2}$ ni$^{1}$ dou$^{6}$ paai$^{4}$ döü$^{2}$.<br>請喺呢度排隊。 | Qǐng zài zhè li pái duì.<br>请在这里排队。 | 여기에 줄 서 주세요. |
| Ching$^{2}$ ling$^{1}$ yat$^{1}$ go$^{3}$ hou$^{6}$ ma$^{5}$ paai$^{4}$.<br>請拎一個號碼牌。 | Qǐng ná yí ge hào mǎ pái.<br>请拿一个号码牌。 | 번호표를 한 장 뽑으세요. |

또한 계좌를 만들 때, 일정 금액에 해당하는 '계좌 개설 예치금(**開戶存款額, hoi$^1$ wu$^6$ chün$^4$ fun$^2$ ngaak$^2$**)'을 입금해야 하는데, 최소 예치 금액은 은행과 계좌 종류에 따라 다르니, 개설할 때 창구 직원에게 문의하는 것이 좋습니다.

한편, 예전에는 계좌를 개설하면 '통장(**簿仔, bou$^2$ zhai$^2$**)'도 같이 발급되고, '통장 정리기(**打簿機, da$^2$ bou$^2$ gei$^1$**)'에 통장을 넣으면 자동으로 '거래 내역을 정리(**打簿, da$^2$ bou$^2$**)'해 주었습니다. 하지만 시대가 변화함에 따라 인터넷뱅킹 사용자가 늘어났고, 이에 따라 통장도 전자 발급 명세서로 대체되게 되었습니다.

bou$^2$ zhai$^2$
簿仔
cún zhé
存折
bankbooks
통장

da$^2$ bou$^2$
打簿
gēng xīn cún zhé jì lù
更新存折记录
Update bankbooks
통장 정리

또한 계좌를 개설하면 '현금카드(**提款卡, tai$^4$ fun$^2$ kaat$^1$**)'를 같이 발급받습니다. 현금카드는 ATM을 통해 입·출금할 수 있고, 결제 시에도 사용할 수 있습니다.

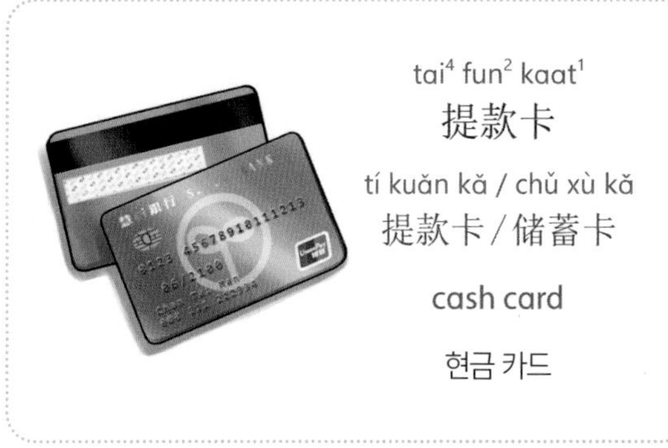

tai$^4$ fun$^2$ kaat$^1$
提款卡
tí kuǎn kǎ / chǔ xù kǎ
提款卡 / 储蓄卡
cash card
현금 카드

sön$^3$ yung$^6$ kaat$^1$
信用卡
xìn yòng kǎ
信用卡
Credit card
신용카드

**거주지 증명서의 종류**

- 3개월 이내에 발급받은 공과금 청구서
- 은행, 보험사, MPF에서 발행한 거래 명세서
- 통신비 명세서, 각종 납부 고지서 등

### 6) 인터넷뱅킹과 텔레뱅킹

인터넷뱅킹과 텔레뱅킹은 계좌를 개설할 때 같이 개통할 수 있는 서비스입니다. 다만 보안상의 이유로 비밀번호는 등록된 주소지로 발송되거나, 고객이 직접 은행에 가서 받을 수 있습니다. 비밀번호를 다 설정하고 나면 바로 모든 서비스를 정상적으로 이용할 수 있습니다.

개통 후에는 잔액 조회, 송금, 환전, 보험계약서 발급 등 많은 서비스들을 24시간, 언제 어디서든 이용할 수 있습니다.

### 7) 해외 거래

홍콩의 현금 카드는 UnionPay, PLUS, GLOBAL ACCESS, STAR과 같은 전 세계 은행 간 서비스 이용이 가능합니다.

2013년 3월 1일부터는 보안 강화를 위해 해외 모든 ATM에서의 일일 현금 인출 한도액을 0 홍콩달러로 설정한 바 있습니다. 만약 해외 ATM에서 현금을 인출하고 싶다면, 사전에 홍콩 내에 있는 ATM 혹은 인터넷뱅킹을 통해 '해외 ATM 일일 인출 한도액(**海外自動櫃員機每日提款限額, hoi$^{2}$ ngoi$^{6}$ zhi$^{6}$ dung$^{6}$ gwai$^{6}$ yün$^{4}$ gei$^{1}$ mui$^{5}$ yat$^{6}$ tai$^{4}$ fun$^{2}$ haan$^{6}$ ngaak$^{2}$**)' 및 '일시 효력 해지 기간(**生效期限, sang$^{1}$ haau$^{6}$ kei$^{4}$ haan$^{6}$**)'을 설정해야 해외에서 인출을 할 수 있습니다.

### 8) EPS

'EPS(**易辦事, yi$^{6}$ baan$^{6}$ si$^{6}$**)'는 카드 결제 단말기로 홍콩에서 자주 사용하는 지불 시스템입니다. 결제 대금이 지급인의 계좌에서 수취인의 계좌로 바로 이체되는 방식이기 때문에, 계좌에 잔고가 충분하다면, 바로 거래를 할 수 있습니다. 또한 카드론 등 인간의 죽음을 초래하는 원인에 대한 우려를 불식시킬 수 있습니다.

EPS 서비스는 EPS 易辦事 해당 로고가 있는 매장에서 사용이 가능하며, EPS 서비스 제공 여부가 궁금할 때는 직원에게 'EPS로 결제할게요.' 혹은 'EPS 사용 가능한가요?'라고 물을 수 있습니다. 직원은 가능하다면 '**可以, ho$^{2}$ yi$^{5}$**', 가능하지 않다면 '**唔可以, m$^{4}$ ho$^{2}$ yi$^{5}$**'라고 대답하며, 다음과 같이 카드를 요구할 것입니다.

| 광둥어 | 중국어 | 한국어 |
| --- | --- | --- |
| M$^{4}$ goi$^{1}$, tai$^{4}$ fun$^{2}$ kaat$^{1}$.<br>唔該，提款卡。 | Má fan nǐ, tí kuǎn kǎ.<br>麻烦你，提款卡。 | 실례합니다만,<br>현금 카드 주세요. |
| Ching$^{2}$ nei$^{5}$ bei$^{2}$ zhöng$^{1}$ tai$^{4}$ fun$^{2}$ kaat$^{1}$ ngo$^{5}$.<br>請你俾張提款卡我。 | Qǐng nǐ bǎ tí kuǎn kǎ gěi wǒ.<br>请你把提款卡给我。 | 저에게 현금 카드 주세요. |

카드를 직원에게 건네줬다면, 직원은 카드를 긁고 결제 금액을 입력한 뒤 '실례합니다만, 비밀번호 좀 입력해 주세요(麻煩你撳密碼, Ma$^{4}$ faan$^{4}$ nei$^{5}$ gam$^{6}$ mat$^{6}$ ma$^{5}$)'라고 말할 것입니다. 그러면 EPS에 입력된 금액을 확인한 후 비밀번호를 입력하면 됩니다.

결제된 금액은 계좌에서 즉시 빠져나가며, 거래가 완료되면 영수증이 발급되므로, 만일을 대비해 영수증은 잘 보관해 두는 것이 좋습니다. 또한 보안상의 이유로 일일 거래 한도가 정해져 있으므로 카드 이용 시 주의해야 합니다.

최근에는 EPS에 여러 부가적인 기능이 생겼는데, 결제 외에도 편의점 또는 마트에서 EPS를 통해 현금을 인출할 수 있게 되었으며, 인출 금액은 최소 100 홍콩달러에서 최대 500 홍콩달러까지 가능합니다.

• EPS로 결제하는 과정

고객이 쇼핑을 한 후, 55 홍콩달러를 결제합니다.

고객이 '실례합니다만, EPS로 100 홍콩달러를 인출하고 싶어요(**唔該我想用EPS拎一百蚊, M$^4$ goi$^1$ ngo$^5$ söng$^2$ yung$^6$ EPS ling$^1$ yat$^1$ baak$^3$ man$^1$**)' 라고 말하며, 간편 인출 기능으로 100 홍콩달러 인출을 요청합니다.

직원은 결제 금액에서 인출한 100 홍콩달러를 추가합니다.

고객이 비밀번호를 입력합니다.

직원은 고객에게 인출한 100 홍콩달러를 건네줍니다.

영수증에는 인출한 100 홍콩달러와 결제 금액 55 홍콩달러가 적혀 있으며, 총 결제 금액 155 홍콩달러는 결제 즉시 고객의 계좌에서 빠져 나갑니다.

## 9) PPS

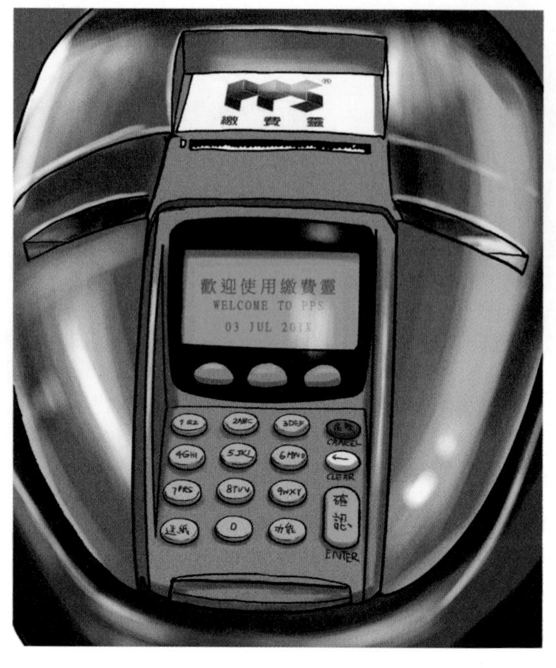


'PPS(繳費靈, giu$^2$ fai$^3$ ling$^4$)'는 EPS 회사와 PCCW가 공동 출자하여 만든 전자 결제 시스템입니다. PPS는 EPS와 달리 전기세, 가스비, 수도세와 같은 공과금, 보험료, 통신비, 학비 등 각종 청구서 납부가 가능합니다.

PPS의 계좌는 은행 계좌와 연동되므로, 현금카드 또는 현금 입·출금 기능이 있는 신용카드가 필요합니다. 최초 등록 시에는 PCCW 매장 혹은 PCCW 계열의 HKT 전문점, 써클케이(Circle K, 홍콩의 편의점)에 있는 단말기를 통해 등록할 수 있습니다.

마지막으로 전화 또는 인터넷을 통해 본인의 카드 및 지불처(공과금, 학비, 보험료 등)를 등록하기만 하면 됩니다. 지불처를 등록하지 않으면 결제를 할 수 없으며, 첫 결제 시에만 필요한 절차로, 한 번만 등록하면 이후 바로 사용이 가능합니다. 계좌 개설에 관한 상세한 내용은 PPS 홈페이지에서 확인 가능합니다.

## 10) 자주 발생하는 문제

### ● 까먹고 ATM에서 돈을 꺼내 가지 않는 경우

인출을 할 때 휴대 전화를 하거나 혹은 다른 일에 정신이 팔려 ATM에서 돈을 꺼내 가는 것을 까먹는 경우가 종종 발생하고는 합니다. 일반적으로 일정 시간 안에 돈을 꺼내지 않으면 돈은 다시 ATM으로 들어가고 해당 금액은 다시 해당 카드로 입금이 됩니다. 하지만 이 금액이 입금이 되지 않거나, 다른 사람이 가져갔을 경우에는 경찰에 신고를 해야 합니다.

### ● 카드가 정지되거나 ATM이 먹는 경우

비밀번호를 3회 연속으로 잘못 입력하면, 카드가 반환되며 정지가 됩니다. 이를 해결하기 위해서는 정지된 카드와 본인 신분증을 지참하여 직접 은행에 방문해야 합니다.

만약 카드를 ATM에서 빼지 않으면 일정 시간 후 기계가 카드를 먹어버리며, 한번 들어간 카드는 다시 반환되지 않습니다. 은행 측에서는 원인을 조사하고, 도난 등의 특별한 이유가 아닌 단순 조작 실수에 의한 것으로 판단되면 영업일 기준 4~5일 이내에 해당 카드를 우편을 통해 주인에게 발송해 줍니다. 발송해 주는 카드는 은행마다 다른데, 기존 카드 그대로 보내 줄 수도 있고, 신규로 발급한 카드를 발송해 주는 경우도 있습니다.

한편 '**食卡, sik$^{6}$ kaat$^{1}$**'은 단어 뜻 그대로 '먹다(**食, sik$^{6}$**)', 카드(**卡, kaat$^{1}$**)'라는 뜻으로 '카드를 먹다'라는 의미로 쓰입니다. 먹는다고 해서 정말로 먹는 것이 아니라 카드가 ATM 등 기계 속으로 빨려 들어가는 것이 먹히는 모습과 비슷하다고 여겨 해당 표현을 쓰기 시작했습니다.

| 광둥어 | 중국어 | 한국어 |
|---|---|---|
| Ngo$^{5}$ zhöng$^{1}$ tai$^{4}$ fun$^{2}$ kaat$^{1}$ bei$^{2}$ gwai$^{6}$ yün$^{4}$ gei$^{1}$ sik$^{6}$ zho$^{2}$.<br>我張提款卡俾櫃員機食咗。 | Wǒ de tí kuǎn kǎ gěi tí kuǎn jī tūn le.<br>我的提款卡给提款机吞了。 | 제 카드가 ATM에 먹혔어요. |
| Ngo$^{5}$ gam$^{6}$ cho$^{3}$ zho$^{2}$ mat$^{6}$ ma$^{5}$.<br>我撳錯咗密碼。 | Wǒ àn cuò mì mǎ le.<br>我按错密码了。 | 제가 비밀번호를 잘못 입력했어요. |
| Ngo$^{5}$ gam$^{6}$ yün$^{4}$ chin$^{2}$ m$^{4}$ gei$^{3}$ dak$^{1}$ ling$^{1}$ faan$^{1}$ zhöng$^{1}$ tai$^{4}$ fun$^{2}$ kaat$^{1}$.<br>我撳完錢唔記得拎返張提款卡。 | Wǒ tí qián hòu wàng le ná huí tí kuǎn kǎ.<br>我提钱后忘了拿回提款卡。 | 제가 돈을 뽑은 후 카드 챙기는 것을 깜박했어요. |
| Ngo$^{5}$ gam$^{6}$ yün$^{4}$ chin$^{2}$ m$^{4}$ gei$^{3}$ dak$^{1}$ ling$^{1}$ chin$^{2}$.<br>我撳完錢唔記得拎錢。 | Wǒ tí qián hòu wàng le bǎ qián qǔ zǒu.<br>我提钱后忘了把钱取走。 | 제가 돈을 뽑은 후 돈을 챙기는 것을 깜박했어요. |

## 2 은행 업무 II

앞에서 예금 계좌와 관련된 서비스에 대해 알아봤습니다. 이번에는 비즈니스에 있어 유용한 계좌 종류를 소개해 드리려고 합니다.

### 1) 당좌 계좌

'당좌 계좌(往來戶口, wong$^{5}$ loi$^{4}$ wu$^{6}$ hau$^{2}$)'는 '수표 계좌(支票戶口, zhi$^{1}$ piu$^{3}$ wu$^{6}$ hau$^{2}$)'라고도 불리는데, 당좌 계좌를 개설하면 '수표책(支票簿, zhi$^{1}$ piu$^{3}$ bou$^{2}$)'을 교부 받으며, '수표(支票, zhi$^{1}$ piu$^{3}$)'를 상거래에 사용할 수 있습니다.

홍콩에서는 현금을 우편으로 보내는 것이 금지되어 있어, 학비나 수도세, 전기세를 지불할 때는 현금이 아닌 수표를 우편으로 자주 보내고는 했습니다. 하지만 자동 이체 서비스, PPS 및 송금 서비스가 점점 대중화되고 편리해짐에 따라 더 이상 수표로만 지불할 필요가 없어졌습니다. 이는 현재 홍콩에서 지불 방법으로 수표가 보편적으로 사용되지 않게 된 이유입니다.

그러나 상업은행 계좌를 개설한 후에 기업들은 공과금과 기타 비용 지불을 위해 당좌 계좌를 개설합니다. 지급 금액은 당좌 계좌에 충분한 금액이 있을 때 한 번에 결제할 수 있습니다.

### 2) 수표 종류

수표는 크게 두 가지 종류가 있는데, '횡선수표(劃線支票, waak$^{6}$ sin$^{3}$ zhi$^{1}$ piu$^{3}$)'와 '자기앞수표(來人支票 / 現金支票, loi$^{4}$ yan$^{4}$ zhi$^{1}$ piu$^{3}$ / yin$^{6}$ gam$^{1}$ zhi$^{1}$ piu$^{3}$)'입니다.

횡선수표는 왼쪽 상단 모서리에 두 개의 평행선이 그어져 있는 수표를 말합니다. 횡선수표는 특정 '수취인(收款人, sau$^{1}$ fun$^{2}$ yan$^{4}$)'의 은행 계좌에만 직접 입금할 수 있으며, 수표를 허가 받지 않은 사람이 받거나, 습득자나 훔친 사람이 악용하는 것을 방지하기 위해 현금화는 할 수 없습니다.

자기앞수표는 가장 흔한 종류의 수표로써, 수취인의 이름을 기재하지 않아도 발행된 은행에 수표를 가져가면 누구나 바로 현금으로 바꿀 수 있습니다. 또한 수표 좌측 상단 모서리 부분에 2개의 평행선을 추가하면 횡선수표로도 쓸 수 있고, 수취인 이름 옆에 기재된 '혹은 소지인(或持票人, waak$^{6}$ chi$^{4}$ piu$^{3}$ yan$^{4}$)' 문구에 선을 그어 지우면 특정 수취인에게만 지급할 수도 있습니다.

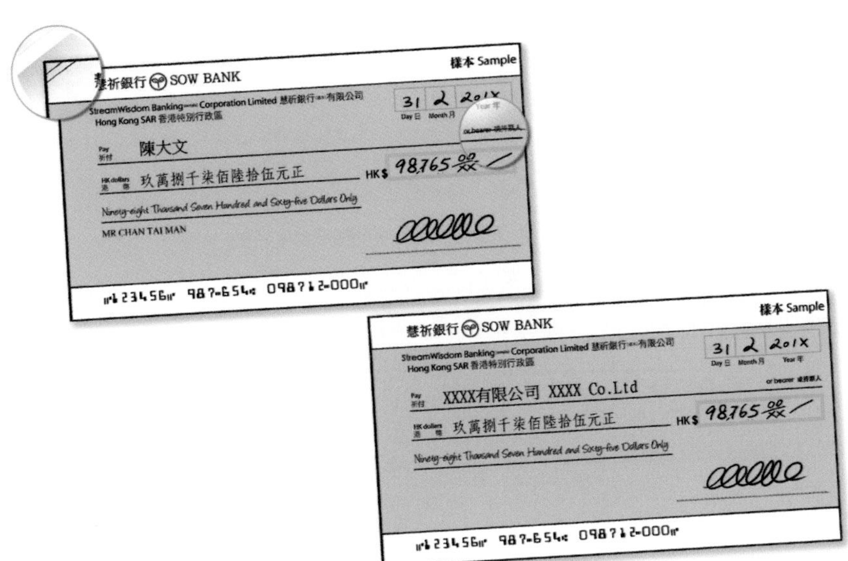


### • 수표 관련 용어

| | 광둥어 | 중국어 | 영어 | 한국어 |
|---|---|---|---|---|
| 1 | kei$^4$ piu$^3$ 期票 | qī piào 期票 | Post-dated cheque (cheque with a date later than the current date) | 선일자수표, 약속 어음 |
| 2 | daan$^6$ piu$^3$ 彈票 | tuì piào 退票 | Dishonor of cheque (issued cheque become unpayable due to certain reasons) | 부도수표 |

## 3) 수표 발행

수표를 발행할 때 몇 가지 주의해야 하는 사항이 있습니다. 첫 번째로는 수표에 기재된 내용이 정확한지 확인해야 하고, 두 번째로는 계좌에 수표를 지불할 수 있는 '잔액(**存額, chün$^4$ ngaak$^2$**)'이 남았는지 확인을 해야 합니다. 만약 계좌에 돈이 부족하다면 은행에서 수표를 '현금으로 교환(**兌現, döü$^3$ yin$^6$**)'해 주지 않으므로, 항상 계좌의 잔액을 확인하여 적절한 금액을 예치해 두는 것이 좋습니다. 또한 은행에서 당좌대월 서비스를 제공하기도 하는데, 이는 별도의 '수수료(**手續費, sau$^2$ zhuk$^6$ fai$^3$**)'가 청구되며, 해당 계좌에서 자동으로 금액이 차감됩니다.

만약 수표책을 다 써간다면, 수표책 마지막 페이지에 있는 신청서 양식에 필요한 수량과 각종 정보를 기입하고 사인을 하여 은행에 제출하면 약 일주일 후에 새 수표책을 우편을 통해 등록된 주소지로 발송해 줍니다. 하지만 모든 수표가 다 일반 우편으로 배송되는 것이 아니며, 횡선수표는 '보통 우편(**平郵, ping$^4$ yau$^4$**)' 혹은 '등기 우편(**掛號, gwa$^3$ hou$^6$**)' 둘 중 하나를 골라서 신청할 수 있는 반면, 자기앞수표는 보안상의 이유로 등기 우편으로만 신청이 가능하고, 부과된 우편 요금은 해당 계좌에서 자동 차감됩니다.

## 4) 수표 작성하는 법

① 수취인 이름:
이름 또는 회사명을 모두 풀네임으로 기입합니다. 횡선수표의 경우 수취인의 이름과 계좌 명의가 일치해야 하며, 자기앞수표의 경우는 수취인의 이름이 신분증의 이름과 일치해야 합니다.

② 지급인(發票人, faat$^3$ piu$^3$ yan$^4$)의 계좌명은 기업명이 들어가도 됩니다.

③ 수표 번호는
은행에 문의하거나 수표 조회 및 취소할 때 필요합니다.

④ 금액은 영어 혹은 갖은자로 기재합니다. 영어로 기재했을 경우에는 마지막에 'only'를 추가하고, 갖은자로 기재 했을 경우에는 마지막에 '正'을 추가합니다.

⑤ 수표 발행일/출금일:
환급 가능 날짜를 기재합니다.
일부 회사는 선일자수표를 받지 않습니다.

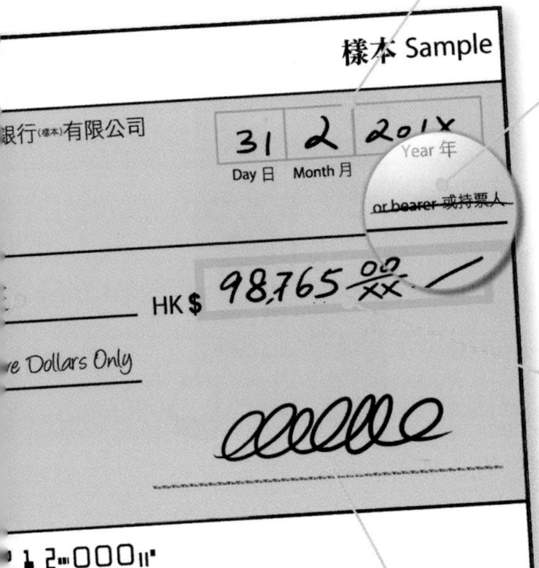


⑥ 수표를 수취인 이외의 사람이 현금화하는 것을 방지하기 위해 횡선수표와 달리 자기앞수표는 '혹은 소지인' 문구를 그어 지울 수 있습니다.

⑦ 금액은 아라비아 숫자로 기입하고, 수정 방지를 위하여 끝에 '–' 기호를 추가합니다.
(영어 혹은 갖은자로 기재한 액수와 일치해야 합니다.)

⑧ 사인/서명(簽署, chim[1] chü[5]):
수표의 서명은 계좌 개설 당시 했던 서명과 동일해야 하며, 만약 서명을 변경하려면 별도의 추가 절차를 위해 은행에 방문해야 합니다.

**주의 사항**

1. 잘못 쓴 부분은 줄로 그어 지우고, 그 옆에 서명을 합니다.
2. 수표에는 수정액(화이트) 사용이 불가하며, 수정액(화이트) 사용 흔적이 있는 수표는 폐기 처분합니다.
3. 수표를 폐기 처분할 때는 잘게 찢은 후 버려야 합니다.

### 5) 수표 현금화

수표를 현금화시키기 전에 먼저 소지하고 있는 수표의 종류를 확인해야 합니다. 자기앞수표의 경우에는 신분증 혹은 여권을 가지고 수표를 발행한 은행에 방문하여 현금화할 수 있으며, 횡선수표의 경우는 명시된 수취인 명의의 계좌로만 입금이 가능합니다.

아래는 수표를 입금하는 세 가지 방법입니다.

① 은행 창구에서 입금
② 수표 뒷면에 수취인의 성명, 계좌 번호, 연락처를 기입하여 은행 내에 있는 수납함에 수납
③ '수표입금기(**入票機, yap$^6$ piu$^3$ gei$^1$**)'에 카드를 넣거나 계좌 번호를 입력하고, 수표 금액을 입력한 후에 화면에 나오는 절차에 따라 수표를 입금합니다(한 번에 최대 30장의 수표를 투입할 수 있습니다). 입금 절차가 완료되면 '영수증(**收據, sau$^1$ göü$^3$**)'이 발행되는데, 해당 영수증의 프린트 여부를 선택할 수 있습니다. 한편 기계 오작동을 유발할 수 있는 스테이플러, 클립, 고무 등은 빼고 입금해야 합니다.

수표 입금 업무는 평일 은행 영업 시간 내에 처리 가능하며, 보통 익일 오후 4시가 되면 현금화가 가능합니다. 하지만 주말이나 공휴일과 같은 업무 시간 외에 입금을 한다면, 휴일 다음 업무일에 수표를 회수하고, 그 다음날 현금화가 됩니다. 예를 들어 토요일에 수표를 입금했다면, 화요일 오후 4시경에 현금화가 이루어집니다.

만약 소지하고 있는 수표의 발행 은행과 입금할 은행이 일치한다면 해당 은행 창구에서 직접 계좌로 입금할 수 있으며, ATM으로 입금하는 것과 달리 즉시 계좌 이체가 가능합니다. 창구에서 직원이 '당신은 계좌 이체를 하나요, 아니면 입금하나요?(**你要轉賬定係入票?, Nei$^5$ yiu$^3$ zhün$^2$ zhöng$^3$ ding$^6$ hai$^6$ yap$^6$ piu$^3$?**)'라고 물어본다면, '입금(**入票, yap$^6$ piu$^3$**)' 대신 '계좌 이체(**轉賬, zhün$^2$ zhöng$^3$**)'를 해달라고 말하기만 하면 됩니다.

#### • 수표 부도 사유

① 송금처 계좌의 잔액이 부족할 때
② 수표의 유효 기간이 만료되었을 때(발행일로부터 6개월간 유효)
③ 수표의 지급 기일이 미달일 때
④ 발행인이 은행에 지급 정지를 요청했을 때
⑤ 수표에 서명이 없거나 잘못되었을 때
⑥ 수표 발행일이 누락되었을 때
⑦ 영어 혹은 갖은자로 기재된 금액이 아라비아 숫자와 상이할 때
⑧ 수표를 정정한 곳에 서명을 누락했을 때

### 6) 외화 예금 계좌

홍콩은 금융의 중심지로서 홍콩달러 외에 외화로도 예금 계좌를 개설할 수 있습니다. 해당 유형의 계좌는 외화 가치가 상승하면 이자를 벌어들이는 구조로 외화로 거래하는 고객들에게 최적화된 상품입니다.

아래는 홍콩 외화 계좌에서 주로 제공하는 통화 종류입니다.

| | 광둥어 | 중국어 | 영어 | 한국어 |
|---|---|---|---|---|
| 1 | Yat$^6$ yün$^4$<br>日圓 | Rì yuán<br>日元 | Japanese yen | 엔화 |
| 2 | Mei$^5$ yün$^4$<br>美元 | Měi yuán<br>美元 | US dollar | 달러 |
| 3 | Ying$^1$ bong$^2$<br>英鎊 | Yīng bàng<br>英镑 | British pound | 파운드 |
| 4 | Au$^1$ lo$^4$<br>歐羅 | Ōu yuán<br>欧元 | Euro | 유로 |
| 5 | Ou$^3$ yün$^4$<br>澳元 | Ào yuán<br>澳元 | Australian dollar | 호주 달러 |
| 6 | Söü$^6$ si$^6$ faat$^3$ long$^4$<br>瑞士法郎 | Ruì shì fǎ láng<br>瑞士法郎 | Swiss franc | 스위스 프랑 |
| 7 | Ga$^1$ na$^4$ daai$^6$ yün$^4$<br>加拿大元 | Jiā ná dà yuán<br>加拿大元 | Canadian dollar | 캐나다 달러 |
| 8 | Nau$^2$ sai$^1$ laan$^4$ yün$^4$<br>紐西蘭元 | Niǔ xī lán yuán<br>纽西兰元 | New Zealand dollar | 뉴질랜드 달러 |

이 외에도 일부 은행에서는 싱가포르 달러와 태국 바트도 취급하니 자세한 사항은 해당 은행에 문의하세요.

중국과 홍콩의 관계가 긴밀해지면서 홍콩의 은행에서도 '인민폐 예금 계좌(**人民幣儲蓄戶口, yan$^4$ man$^4$ bai$^6$ chü$^5$ chuk$^1$ wu$^6$ hau$^2$**)' 서비스를 제공하고 있습니다. 그러나 인민폐로 입·출금은 직접 할 수 있지만, 같은 은행이더라도 홍콩 지점과 중국 지점을 별개의 은행으로 여겨 계좌 연동이 되지 않으며, 또한 인터넷뱅킹을 할 때에도 계좌 간 이체가 되지 않는 경우가 대부분이므로 이용에 있어 주의가 필요합니다.

Yat$^{6}$ yün$^{4}$
日圓
Rì yuán
日元
Japanese yen
엔화

Mei$^{5}$ yün$^{4}$
美元
Měi yuán
美元
US dollar
달러

Ying$^{1}$ bong$^{2}$
英鎊
Yīng bàng
英镑
British pound
파운드

Au$^{1}$ lo$^{4}$
歐羅
Ōu yuán
欧元
Euro
유로

Ou$^{3}$ yün$^{4}$
澳元
Ào yuán
澳元
Australian dollar
호주 달러

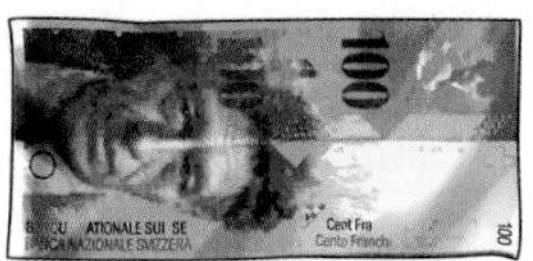


Söü$^{6}$ si$^{6}$ faat$^{3}$ long$^{4}$
瑞士法郎
Ruì shì fǎ láng
瑞士法郎
Swiss franc
스위스 프랑

Ga$^{1}$ na$^{4}$ daai$^{6}$ yün$^{4}$
加拿大元
Jiā ná dà yuán
加拿大元
Canadian dollar
캐나다 달러

Nau$^{2}$ sai$^{1}$ laan$^{4}$ yün$^{4}$
紐西蘭元
Niǔ xī lán yuán
纽西兰元
New Zealand dollar
뉴질랜드 달러

## 7) 기타 서비스

### ● 전신환 송금(TT)

'전신환 송금(**電匯, din$^6$ wui$^6$**)'은 줄여서 T/T(Telegraphic transfer)라고도 불리는 무역 용어입니다. T/T는 전신 또는 텔렉스를 이용하여 '송금(**匯款, wui$^6$ fun$^2$**)'하는 방식을 뜻하며, 국제 무역에서는 다른 송금 방식에 비해 수수료는 비싸지만, 신속하고 안전하다는 장점이 있어 많이 쓰이는 송금 수단 중 하나입니다.

T/T로 송금하기 위해서는 송금인은 송금 은행에 수취인의 이름 및 계좌 번호 그리고 가장 중요한 스위프트 코드(SWIFT CODE) 등의 정보와 함께 송금할 금액을 지불합니다. 그러면 송금 은행은 전보나 전화를 통해 수취인의 은행에 해당 금액을 지급할 것을 지시합니다. 이 모든 과정을 마치면 수취인은 해당 금액을 계좌로 입금 받게 됩니다. T/T는 국제 무역에서 많이 사용하는 송금 방식이기 때문에 다른 통화와 관련된 경우가 대부분이며, 따라서 송금을 할 때는 기축통화인 미국의 달러나 영국의 파운드를 많이 사용합니다.

### ● 정기 예금 계좌

'정기 예금(**定期存款, ding$^6$ kei$^4$ chün$^4$ fun$^2$**)'은 예금주가 일정 기간 환급을 요구하지 않을 것을 약정하고 일정 금액을 은행에 예치하는 예금을 말합니다. 예금 기간은 예금주가 임의로 설정이 가능하며, 은행은 이에 대하여 이자를 지급할 것을 약속하고, 기간이 만료되면 예금주는 원금과 이자를 찾아갈 수 있습니다.

하지만 예금을 중도 해지하면 이자율이 떨어지거나 정기 예금의 이율이 아닌 일반 예금 계좌의 이율로 처리됩니다. 정기 예금의 최소 예치 금액은 10,000 홍콩달러입니다. 따라서 정기 예금은 자금적 여유가 있고 일반 예금 계좌보다 더 높은 이자율을 원하는 사람들에게 보다 적합한 상품입니다.

### ● 자동 이체

홍콩에서는 일반 예금 계좌나 당좌 계좌 모두 '자동 이체(**自動轉賬, zhi$^6$ dung$^6$ zhün$^2$ zhöng$^3$**)' 서비스를 지원합니다. 자동 이체는 고객이 일정 금액을 특정 날짜에 지정된 계좌로 자동으로 이체하는 것을 말합니다. 자동 이체는 한 번 신청해 놓으면 매달 자동으로 지정한 계좌로 이체가 되기 때문에 직접 움직여야 하는 번거로움과 납기일을 맞추지 못하여 내는 '연체료(**逾期附加費, yü$^6$ kei$^4$ fu$^6$ ga$^1$ fai$^3$**)'에 대한 압박 또한 덜어낼 수 있습니다. 다만 자동이체 서비스를 지원하는 가맹점이 많지 않기 때문에 사전에 은행에 먼저 문의하는 것이 좋습니다.

자동 이체는 가맹점에서 신청하거나 은행 창구에서 직접 신청할 수 있습니다. 신청 방법은 '자동 이체 승인서(**直接付款授權書, zhik$^6$ zhip$^3$ fu$^6$ fun$^2$ sau$^6$ kün$^4$ sü$^1$**)'를 작성하여 가맹점 혹은 은행에 제출하면 됩니다. 해당 서비스를 신청할 때는 서비스 이용 요금이 부과될 수 있으니 자세한 내용은 은행에 문의하는 것이 좋습니다.

## 3 은행에서의 일상 대화 I

| | 광둥어 |
|---|---|
|  銀行職員 | Nei[5] hou[2], ching[2] man[6] yau[5] me[1] ho[2] yi[5] bong[1] dou[2] nei[5]?<br>你好，請問有咩可以幫到你？ |
|  山田先生 | M[4] goi[1], ngo[5] söng[2] hoi[1] yat[1] go[3] chü[5] chuk[1] wu[6] hau[2].<br>唔該，我想開一個儲蓄戶口。 |
|  銀行職員 | Hou[2] ge[3], ching[2] nei[5] gan[1] ngo[5] lai[4] ni[1] bin[1]. Saan[1] tin[4] sin[1] saang[1], ching[2] man[6]<br>好嘅，請你跟我嚟呢邊。山田先生，請問<br>nei[5] yau[5] mou[5] daai[3] san[1] fan[2] zhing[3] tung[4] maai[4] zhü[6] zhi[2] zhing[3] ming[4] lai[4]?<br>你有冇帶身份證同埋住址證明嚟？ |
|  山田先生 | Yau[5] a[3].<br>有呀。 |

| | 중국어 |
|---|---|
| <br>银行职员 | Nǐ hǎo, qǐng wèn yǒu shén me kě yǐ bāng zhù nǐ?<br>你好，请问有什么可以帮助你？ |
| <br>山田先生 | Má fan nǐ, wǒ xiǎng kāi yí ge chǔ xù zhàng hù.<br>麻烦你，我想开一个储蓄账户。 |
| <br>银行职员 | Hǎo de, qǐng nǐ gēn wǒ wǎng zhè bian zǒu. Shān tián xiān sheng, qǐng wèn<br>好的，请你跟我往这边走。山田先生，请问<br>nǐ yǒu dài shēn fèn zhèng hé zhù zhǐ zhèng míng ma?<br>你有带身份证和住址证明吗？ |
| <br>山田先生 | Yǒu de.<br>有的。 |



**해석**

은행 직원 : 안녕하세요, 무엇을 도와 드릴까요?

야마다 선생님 : 실례합니다만, 계좌 하나 개설하려고요.

은행 직원 : 네, 저를 따라서 이쪽으로 오세요.
야마다 선생님, 실례합니다만, 신분증과 거주지 증명서 가져오셨나요?

야마다 선생님 : 가져왔습니다.

**광둥어**

銀行職員

Gam2 ma4 faan4 nei5 bei2 ngo5, dang2 ngo5 ho2 yi5 bong1 nei5 tin4 zhi1 liu2.

噉麻煩你俾我，等我可以幫你填資料。

山田先生

Hou2, m4 goi1 saai3.

好，唔該晒。

zhik1 yün4 tin4 se2 zhi1 liu2 kei4 gaan1

職員填寫資料期間

山田先生

M4 goi1, ching2 man6 zhöü3 dai1 chün4 fun2 ngaak2 hai6 gei2 do1 chin2?

唔該，請問最低存款額係幾多錢？

銀行職員

Li1 löü6 chü5 chuk1 wu6 hau2 ge3 zhöü3 dai1 chün4 fun2 ngaak2 hai6 ng5 chin1 man1,

呢類儲蓄戶口既最低存款額係5,000蚊，

wui5 on3 zhiu3 gwo3 höü3 saam1 go3 yüt6 ge3 ping4 gwan1 git3 yü4 gai3 sün3.

會按照過去三個月既平均結餘計算。

山田先生

Gam2 m4 gau3 chin2 wui5 dim2?

噉唔夠錢會點？

| | 중국어 |
|---|---|
|  银行职员 | Má fan nǐ gěi wǒ yí xià, ràng wǒ tián yì xiē zī liào.<br>麻烦你给我一下，让我填一些资料。 |
|  山田先生 | Hǎo, xiè xie nǐ.<br>好，谢谢你。 |
| | zhí yuán tián xiě zī liào qī jiān<br>职员填写资料期间 |
|  山田先生 | Bù hǎo yì si, qǐng wèn zuì dī cún kuǎn é shì duō shao kuài?<br>不好意思，请问最低存款额是多少块？ |
|  银行职员 | Zhè zhǒng chǔ xù zhàng hù de zuì dī cún kuǎn é shì wǔ qiān kuài,<br>这种储蓄账户的最低存款额是五千块，<br>huì àn zhào guò qù sān ge yuè de píng jūn jié yú lái jì suàn.<br>会按照过去三个月的平均结余来计算。 |
|  山田先生 | Ruò bú gòu qián huì zěn yàng?<br>若不够钱会怎样？ |

부록

해석

은행 직원 : 실례합니다만, 서류 작성할 것들이 있는데 저에게 좀 주세요.

야마다 선생님: 네, 감사합니다.

............ 직원이 서류를 작성하는 중 ............

야마다 선생님: 죄송합니다만, 최소 입금액은 얼마인가요?

은행 직원 : 이러한 계좌의 최소 입금액은 5,000 홍콩달러이고,
최근 3달 간의 평균 잔액을 기준으로 계산합니다.

야마다 선생님: 만약 금액이 부족하면 어떻게 되나요?

| | 광둥어 |
|---|---|
| <br>銀行職員 | Yü4 gwo2 m4 gau3 zhöü3 dai1 chün4 fun2 ngaak2 ge3 yiu1 kau4,<br>如果唔夠最低存款額既要求，<br>zhau6 wui5 hai2 chün4 fun2 löü5 min6 mui5 go3 yüt6<br>就會喺存款裡面每個月<br>kau3 chöü4 yat1 baak3 man1 zhok3 wai4 yüt6 fai3.<br>扣除100蚊作為月費。 |
| <br>山田先生 | Ming4 baak5.<br>明白。 |
| <br>銀行職員 | Saan1 tin4 sin1 saang1, di1 zhi1 liu2 yi5 ging1 tin4 hou2,<br>山田先生，啲資料已經填好，<br>ching2 nei5 kok3 ying6 yat1 ha5,<br>請你確認一下，<br>yü4 gwo2 mou5 man6 tai4 zhau6 hai2 ha6 min6 fong1 gaak3 chim1 meng2.<br>如果無問題就喺下面方格簽名。 |

## 중국어

银行职员

Ruò bù néng dá dào zuì dī cún kuǎn é de yāo qiú,
若不能达到最低存款额的要求，

jiù huì zài cún kuǎn li měi ge yuè
就会在存款里每个月

kòu diào yì bǎi kuài zuò yuè fèi.
扣掉一百块作月费。

山田先生

Míng bai le.
明白了。

银行职员

Shān tián xiān sheng, zī liào yǐ jīng tián hǎo,
山田先生，资料已经填好，

qǐng nǐ què rèn yí xià,
请你确认一下，

rú guǒ méi wèn tí jiù zài xià mian de fāng gé qiān míng.
如果没问题就在下面的方格签名。



### 해석

은행 직원 : 만약 최소 입금액 조건을 충족하지 못한다면,
계좌에서 매달 100 홍콩달러가 차감됩니다.

야마다 선생님: 알겠습니다.

은행 직원 : 야마다 선생님, 서류 이미 다 작성했는데, 한번 확인해 보세요.
만약 문제 없으면 아래 네모 칸에 서명해 주시면 됩니다.

| | 광둥어 |
|---|---|
| <br>銀行職員 | Ling$^{6}$ ngoi$^{6}$, kai$^{2}$ dung$^{6}$ wu$^{6}$ hau$^{2}$ söü$^{1}$ yiu$^{3}$ zhöü$^{3}$ siu$^{2}$<br>另外，啓動戶口需要最少<br>yat$^{1}$ chin$^{1}$ man$^{1}$ ge$^{3}$ hoi$^{1}$ wu$^{6}$ chün$^{4}$ fun$^{2}$ ngaak$^{2}$,<br>1,000蚊既開戶存款額，<br>ching$^{2}$ man$^{6}$ nei$^{5}$ zhön$^{2}$ bei$^{6}$ yap$^{6}$ gei$^{2}$ do$^{1}$ chin$^{2}$ dou$^{3}$ nei$^{5}$ go$^{3}$ wu$^{6}$ hau$^{2}$?<br>請問你準備入幾多錢到你個戶口？ |
| <br>山田先生 | Ngo$^{5}$ söng$^{2}$ yap$^{6}$ yat$^{1}$ maan$^{6}$ man$^{1}$ höü$^{3}$ ngo$^{5}$ go$^{3}$ wu$^{6}$ hau$^{2}$.<br>我想入10,000蚊去我個戶口。 |
| <br>銀行職員 | Mou$^{5}$ man$^{6}$ tai$^{4}$, li$^{1}$ dou$^{6}$ yat$^{1}$ maan$^{6}$ man$^{1}$ wui$^{5}$ chün$^{4}$ yap$^{6}$ wu$^{6}$ hau$^{2}$,<br>無問題，呢度10,000蚊會存入戶口，<br>ching$^{2}$ man$^{6}$ nei$^{5}$ söü$^{1}$ m$^{4}$ söü$^{1}$ yiu$^{3}$ hoi$^{1}$ kai$^{2}$ maai$^{4}$ mong$^{5}$ söng$^{6}$ lei$^{5}$ choi$^{4}$<br>請問你需唔需要開啓埋網上理財<br>tung$^{4}$ maai$^{4}$ din$^{6}$ wa$^{2}$ lei$^{5}$ choi$^{4}$ fuk$^{6}$ mou$^{6}$?<br>同埋電話理財服務？ |
| <br>山田先生 | Hou$^{2}$ a$^{3}$<br>好呀。 |

| | 중국어 |
|---|---|
| <br>银行职员 | Lìng wài, qǐ dòng zhàng hù xū yào zuì shǎo<br>另外，启动账户需要最少<br>yì qiān kuài de kāi hù cún kuǎn é,<br>一千块的开户存款额，<br>qǐng wèn nǐ zhǔn bèi cún duō shao qián dào nǐ de zhàng hù?<br>请问你准备存多少钱到你的账户？ |
| <br>山田先生 | Wǒ xiǎng cún yí wàn kuài dào wǒ de zhàng hù.<br>我想存一万块到我的账户。 |
| <br>银行职员 | Méi wèn tí, zhè li yí wàn kuài huì cún jìn zhàng hù,<br>没问题，这里一万块会存进账户，<br>qǐng wèn nǐ xū yào kāi qǐ wǎng shang lǐ cái<br>请问你需要开启网上理财<br>hé diàn huà lǐ cái fú wù ma?<br>和电话理财服务吗？ |
| <br>山田先生 | Hǎo a.<br>好啊。 |

**해석**

은행 직원 : 그 밖에 계좌 개설 예치금으로 최소 1,000 홍콩달러를 입금해야 하는데,
선생님은 얼마를 입금할 예정이신가요?

야마다 선생님 : 저는 10,000 홍콩달러를 입금하려고요.

은행 직원 : 알겠습니다. 해당 계좌로 10,000 홍콩달러 입금해 드리겠습니다.
혹시 인터넷뱅킹이랑 텔레뱅킹도 개설하실 건가요?

야마다 선생님 : 네.

| | 광둥어 |
|---|---|
|  銀行職員 | Hou2, gam2 ngo5 yi4 ga1 chöt1 höü3 bong1 nei5 zhön3 hang4 kei4 ta1 sau2 zhuk6,<br>好，噉我而家出去幫你進行其他手续，<br>ching2 nei5 hai2 dou6 dang2 ngo5 yat1 zhan6.<br>請你喺度等我一陣。 |
| | ng5 fan1 zhung1 hau6<br>5分鐘後 |
|  銀行職員 | Saan1 tin4 sin1 saang1, do1 zhe6 nei5 noi6 sam1 dang2 hau6,<br>山田先生，多謝你耐心等候，<br>nei5 ge3 chü5 chuk1 wu6 hau2 yi5 ging1 hoi1 zho2,<br>你既儲蓄戶口已經開咗，<br>yi5 ging1 bong1 nei5 chün4 zho2 yat1 maan6 man1 yap6 nei5 go3 wu6 hau2,<br>已經幫你存咗10,000蚊入你個戶口，<br>li1 zhöng1 hai6 sau1 göü3.<br>呢張係收據。 |
| 山田先生 | M4 goi1 saai3.<br>唔該晒。 |

| | 중국어 |
|---|---|

银行职员

Hǎo, nà wǒ xiàn zài chū qù bāng nǐ jìn xíng qí tā shǒu xù,
好，那我现在出去帮你进行其他手续，

qǐng nǐ zài zhè li děng wǒ yí xià.
请你在这里等我一下。

wǔ fēn zhōng hòu
5分钟后

银行职员

Shān tián xiān sheng, gǎn xiè nǐ de nài xīn děng hòu,
山田先生，感谢你的耐心等候，

nǐ de chǔ xù zhàng hù yǐ jīng kāi le,
你的储蓄账户已经开了，

yǐ jīng bāng nǐ cún le yí wàn kuài dào nǐ de zhàng hù,
已经帮你存了一万块到你的账户，

zhè zhāng shì shōu jù.
这张是收据。

山田先生

Má fan nǐ le.
麻烦你了。

**해석**

은행 직원 : 네, 그러면 제가 지금 가서 나머지 절차 도와 드리겠습니다.
잠시만 기다려 주세요.

............................ 5분 후 ............................

은행 직원 : 야마다 선생님, 기다려 주셔서 감사합니다.
선생님의 계좌는 이미 개설되었고,
10,000 홍콩달러도 선생님의 계좌로 이미 입금해 드렸습니다.
이것은 영수증입니다.

야마다 선생님 : 감사합니다.

| | 광둥어 |
|---|---|
| | Ni1 zhöng1 hai6 nei5 ge3 tai4 fun2 kaat1,<br>呢張係你既提款卡，<br>li1 fung1 sön3 löü5 min6 hai6 nei5 ge3 tai4 fun2 kaat1 mat6 ma5,<br>呢封信裡面係你既提款卡密碼， |
| <br>銀行職員 | nei5 ho2 yi5 dou3 gwai6 yün4 gei1 gang1 goi2 mat6 ma5.<br>你可以到櫃員機更改密碼。<br>Ling6 ngoi6, mong5 söng6 lei5 choi4 tung4 maai4 din6 wa2 lei5 choi4 ge3<br>另外，網上理財同埋電話理財既<br>mat6 ma5 wui5 luk6 zhuk6 gei3 dou3 nei5 se2 ge3 dei6 zhi2 dou6.<br>密碼會陸續寄到你寫既地址度。 |
| <br>山田先生 | Hou2, m4 goi1 saai3, baai1 baai3.<br>好，唔該晒，拜拜。 |
| <br>銀行職員 | Do1 zhe6 nei5 sün2 yung6 ngo5 dei6 fuk6 mou6, baai1 baai3.<br>多謝你選用我哋服務，拜拜。 |

| | 중국어 |
|---|---|

银行职员

Zhè zhāng shì nǐ de tí kuǎn kǎ,
这张是你的提款卡，

zhè fēng xìn li shì nǐ de tí kuǎn kǎ mì mǎ,
这封信里是你的提款卡密码，

nǐ kě yǐ dào tí kuǎn jī gēng gǎi mì mǎ.
你可以到提款机更改密码。

Lìng wài, wǎng shang lǐ cái hé diàn huà lǐ cái de
另外，网上理财和电话理财的

mì mǎ huì jiē zhe jì dào nǐ xiě de dì zhǐ.
密码会接着寄到你写的地址。

山田先生

Hǎo, xiè xie nǐ, zài jiàn.
好，谢谢你，再见。

银行职员

Xiè xie nǐ xuǎn yòng wǒ men de fú wù, zài jiàn.
谢谢你选用我们的服务，再见。

해석

은행 직원 : 이것은 현금 카드고요,
이 봉투 안에 있는 것은 현금 카드 비밀번호입니다.
비밀번호는 ATM에서 변경하실 수 있습니다.
그 밖에 인터넷뱅킹이랑 텔레뱅킹 비밀번호는 기입하신 주소로 보내 드리겠습니다.

야마다 선생님 : 네, 감사합니다. 안녕히 계세요.

은행 직원 : 저희 은행을 이용해 주셔서 감사합니다. 안녕히 가세요.

부록

| | 광둥어 |
|---|---|
|  銀行職員 | Nei5 hou2, ching2 man6 yau5 me1 ho2 yi5 bong1 dou2 nei5?<br>你好，請問有咩可以幫到你？ |
|  山田先生 | M4 hou2 yi3 si3, ngo5 gam6 cho3 mat6 ma5,<br>唔好意思，我撳錯密碼，<br>tai4 fun2 gung1 nang4 so2 zho2.<br>提款功能鎖咗。 |
|  銀行職員 | Ma4 faan4 nei5 ling1 zhöng1 hou6 ma5 paai2 dang2 yat1 dang2.<br>麻煩你拎張號碼牌等一等。 |
| | sap6 ng5 fan1 zhung1 hau6<br>15分鐘後 |
|   銀行職員 | Ng5 sap6 yat1 hou6 ching2 dou3 ng5 hou6 gwai6 wai2.<br>51號請到5號櫃位。 |

| | 중국어 |
|---|---|
|  银行职员 | Nǐ hǎo, qǐng wèn yǒu shén me kě yǐ bāng zhù nǐ?<br>你好，请问有什么可以帮助你？ |
|  山田先生 | Bù hǎo yì si, wǒ àn cuò mì mǎ,<br>不好意思，我按错密码，<br>tí kuǎn gōng néng gěi suǒ le.<br>提款功能给锁了。 |
|  银行职员 | Má fan nǐ ná zhāng hào mǎ pái shāo děng yí xià.<br>麻烦你拿张号码牌稍等一下。 |
| | shí wǔ fēn zhōng hòu<br>15分钟后 |
|  银行职员 | Wǔ shí yī hào qǐng dào wǔ hào guì tái.<br>51号请到5号柜台。 |

부록

### 해석

은행 직원 : 안녕하세요, 무엇을 도와 드릴까요?

야마다 선생님: 죄송합니다만, 제가 비밀번호를 잘못 입력해서 출금 기능이 막혔어요.

은행 직원 : 실례합니다만, 번호표 뽑으시고 조금만 기다려 주세요.

……………… 15분 후 ………………

은행 직원 : 51번 고객님 5번 창구로 와 주세요.

| | 광둥어 |
|---|---|

銀行職員

Nei$^5$ hou$^2$, ching$^2$ man$^6$ nei$^5$ söü$^1$ yiu$^3$ me$^1$ bong$^1$ mong$^4$?
你好，請問你需要咩幫忙？

山田先生

Ngo$^5$ gam$^6$ cho$^3$ mat$^6$ ma$^5$, tai$^4$ fun$^2$ gung$^1$ nang$^4$ so$^2$ zho$^2$.
我撳錯密碼，提款功能鎖咗。

銀行職員

Ming$^4$ baak$^6$, ma$^4$ faan$^4$ sin$^1$ saang$^1$ bei$^2$ zhöng$^1$ tai$^4$ fun$^2$ kaat$^1$ tung$^4$ maai$^4$
明白，麻煩先生俾張提款卡同埋

nei$^5$ ge$^3$ san$^1$ fan$^2$ zhing$^3$ ngo$^5$ kok$^3$ ying$^6$ zhi$^1$ liu$^2$ a$^1$.
你嘅身份證我確認資料吖。

sap$^6$ ng$^5$ fan$^1$ zhung$^1$ hau$^6$
15分鐘後

銀行職員

Saan$^1$ tin$^4$ sin$^1$ saang$^1$ , tai$^4$ fun$^2$ kaat$^1$ ge$^3$ tai$^4$ fun$^2$ gung$^1$ nang$^4$ yi$^5$ ging$^1$ hoi$^1$ faan$^1$,
山田先生，提款卡嘅提款功能已經開返，

gei$^1$ yü$^1$ bou$^2$ on$^1$ lei$^5$ yau$^4$,
基於保安理由，

nei$^5$ zhöng$^1$ tai$^4$ fun$^2$ kaat$^1$ ge$^3$ mat$^6$ ma$^5$ yi$^5$ ging$^1$ chung$^4$ chit$^3$.
你張提款卡嘅密碼已經重設。

| | 중국어 |
|---|---|

银行职员

Nǐ hǎo, qǐng wèn yǒu shén me kě yǐ bāng zhù nǐ?
你好，请问有什么可以帮助你？

山田先生

Wǒ àn cuò mì mǎ, tí kuǎn gōng néng gěi suǒ le.
我按错密码，提款功能给锁了。

银行职员

Míng bai, má fan nǐ gěi wǒ nǐ de tí kuǎn kǎ hé
明白，麻烦你给我你的提款卡和

shēn fèn zhèng, ràng wǒ què rèn yí xià zī liào.
身份证，让我确认一下资料。

shí wǔ fēn zhōng hòu
15分钟后

银行职员

Shān tián xiān sheng, tí kuǎn kǎ de tí kuǎn gōng néng yǐ jīng kāi le,
山田先生，提款卡的提款功能已经开了，

jī yú bǎo ān lǐ yóu,
基于保安理由，

nǐ de tí kuǎn kǎ mì mǎ yǐ jīng chóng shè.
你的提款卡密码已经重设。



**해석**

은행 직원 : 안녕하세요, 무엇을 도와 드릴까요?

야마다 선생님 : 제가 비밀번호를 잘못 입력해서, 출금 기능이 막혔어요.

은행 직원 : 알겠습니다. 실례합니다만, 서류 확인을 위해 고객님의 현금 카드와 신분증 좀 주세요.

…………… 15분 후 ……………

은행 직원 : 야마다 선생님, 현금 카드의 인출 기능은 이미 풀어드렸고요. 보안상의 이유로 고객님의 현금 카드 비밀번호는 재설정해 주셔야 합니다.

| | 광동어 |
|---|---|

Ni$^1$ fung$^1$ sön$^3$ löü$^5$ min$^6$ hai$^6$ san$^1$ ge$^3$ mat$^6$ ma$^5$,
呢封信裡面係新嘅密碼，

銀行職員

nei$^5$ hai$^2$ gwai$^6$ yün$^4$ gei$^1$ sü$^1$ yap$^6$ zho$^2$ ni$^1$ go$^3$ mat$^6$ ma$^5$ zhi$^1$ hau$^6$,
你喺櫃員機輸入咗呢個密碼之後，

ching$^2$ nei$^5$ chung$^4$ san$^1$ chit$^3$ ding$^6$ nei$^5$ ge$^3$ mat$^6$ ma$^5$,
請你重新設定你嘅密碼，

gam$^2$ zhau$^6$ mou$^5$ man$^6$ tai$^4$ ga$^3$ la$^3$.
噉就無問題㗎喇。

山田先生

M$^4$ goi$^1$ saai$^3$ nei$^5$, ching$^2$ man$^6$ sai$^2$ m$^4$ sai$^2$ sau$^1$ sau$^2$ zhuk$^6$ fai$^3$ ga$^3$?
唔該晒你，請問駛唔駛收手續費㗎？

銀行職員

Gaai$^2$ so$^2$ hai$^6$ m$^4$ söü$^1$ yiu$^3$ sau$^1$ sau$^2$ zhuk$^6$ fai$^3$ ga$^3$.
解鎖係唔需要收手續費㗎。

山田先生

Taai$^3$ hou$^2$ la$^3$, m$^4$ goi$^1$ saai$^3$ nei$^5$.
太好喇，唔該晒你。

銀行職員

M$^4$ sai$^2$ haak$^3$ hei$^3$.
唔駛客氣。

| | 중국어 |
|---|---|
| <br>银行职员 | Zhè fēng xìn lǐ miàn shì xīn de mì mǎ,<br>这封信里面是新的密码，<br>nǐ zài tí kuǎn jī shū rù zhè ge mì mǎ yǐ hòu,<br>你在提款机输入这个密码以後，<br>qǐng nǐ chóng xīn shè dìng nǐ de mì mǎ,<br>请你重新设定你的密码，<br>nà jiù kě yǐ le.<br>那就可以了。 |
| <br>山田先生 | Xiè xie nǐ, qǐng wèn yào shōu shǒu xù fèi ma?<br>谢谢你，请问要收手续费吗？ |
| <br>银行职员 | Jiě suǒ shì bù xū yào shōu shǒu xù fèi de.<br>解锁是不需要收手续费的。 |
| <br>山田先生 | Tài hǎo le, má fan nǐ le.<br>太好了，麻烦你了。 |
| <br>银行职员 | Bié kè qi.<br>别客气。 |

부록

### 해석

은행 직원 : 여기 봉투 안에 새 비밀번호가 기재되어 있으니,
ATM에서 이 비밀번호를 입력한 후, 비밀번호를 재설정하시면 됩니다.

야마다 선생님: 감사합니다. 실례합니다만, 수수료를 내야 하나요?

은행 직원 : 정지 해제는 별도의 수수료가 없습니다.

야마다 선생님: 잘됐네요. 감사합니다.

은행 직원 : 별말씀을요.

# 어휘 색인(Index)

## F

| | | | | |
|---|---|---|---|---|
| fa¹ hung⁴ | 花紅 | 상여금, 보너스 | 1-18 | p9 |
| faan¹ (nguk¹ kei²) | 返(屋企) | (집에) 돌아가다 | 2-10 | p47 |
| faat³ yin⁶ | 發現 | 발견하다 | 3-14 | p81 |
| fan¹ gung¹ si¹ | 分公司 | 지사, 계열사 | 1-15 | p9 |
| fong² | 房 | 방 | 2-27 | p48 |

## G

| | | | | |
|---|---|---|---|---|
| ga¹ yan⁴ gung¹ | 加人工 | 임금을 올리다, 급여가 오르다 | 1-7 | p8 |
| gaan² | 揀 | 고르다 | 3-3 | p80 |
| gaau² dim⁶ | 搞掂 | 해결하다 | 3-19 | p81 |
| gai³ zhuk⁶ | 繼續 | 계속하다 | 3-9 | p80 |
| gam⁶ chin² | 撳錢 | 인출하다, 돈을 찾다 | 4-11 | p115 |
| gang¹ san¹ | 更新 | 업데이트하다 | 1-10 | p9 |
| gei³ (sön³) | 寄(信) | (편지를) 부치다 | 4-6 | p114 |
| gin³ | 見 | 만나다 | 1-4 | p8 |
| gin³ haak³ | 見客 | 고객을 만나다, 미팅하다 | 3-30 | p82 |
| gin³ yi⁵ | 建議 | 제안(하다), 건의(하다) | 1-24 | p10 |
| gin³ yi⁵ sü¹ | 建議書 | 제안서 | 2-22 | p47 |
| ging¹ zhai³ | 經濟 | 경제 | 1-20 | p9 |
| ging⁶ zhang¹ döü³ sau² | 競爭對手 | 라이벌, 경쟁 상대 | 3-26 | p82 |
| giu³ | 叫 | 부르다 | 3-2 | p80 |
| goi² | 改 | 고치다, 수정하다 | 2-9 | p46 |
| gong² | 講 | 말하다 | 2-1 | p46 |
| gu² ga³ | 股價 | 주가 | 2-21 | p47 |
| gung¹ chöng⁴ / gung¹chong² | 工場 / 工廠 | 공장 | 3-28 | p82 |
| gung¹ ying³ söng¹ | 供應商 | 공급자, 공급 업체 | 3-20 | p81 |
| gung¹ zhok³ | 工作 | 직업, 업무, 일, 일하다 | 1-19 | p9 |
| gwa³ | 掛 | (고리나 못에) 걸다 | 4-4 | p114 |

어휘 색인

| gwai$^3$ gung$^1$ si$^1$ | 貴公司 | 귀사 | 2-19 | p47 |
|---|---|---|---|---|
| gwai$^6$ tung$^2$ | 櫃桶 | 서랍 | 4-26 | p116 |
| gwo$^2$ zhap$^1$ | 果汁 | 주스 | 4-19 | p115 |
| gwo$^3$ muk$^6$ | 過目 | 훑어보다 | 3-17 | p81 |
| gwok$^3$ zhai$^3$ wui$^6$ yi$^5$ | 國際會議 | 국제회의 | 1-16 | p9 |
| Gwong$^2$ dung$^1$ wa$^2$ | 廣東話 | 광둥어 | 1-27 | p10 |

## H

| hoi$^1$ | 開 | (문을) 열다, (불을) 켜다 | 4-3 | p114 |
|---|---|---|---|---|
| hok$^6$ | 學 | 배우다 | 1-1 | p8 |

## K

| king$^1$ (gai$^2$) | 傾(偈) | 이야기를 나누다 | 3-4 | p80 |
|---|---|---|---|---|

## L

| laap$^6$ saap$^3$ tung$^2$ | 垃圾桶 | 쓰레기통 | 4-27 | p116 |
|---|---|---|---|---|
| lau$^4$ ha$^6$ | 樓下 | 1층, 아래층 | 2-26 | p48 |
| lei$^6$ yön$^6$ | 利潤 | 이윤, 수익 | 1-23 | p9 |
| lo$^1$ | 囉 | 이유를 강조할 때 사용 | 1-34 | p10 |
| lo$^2$ / ling$^1$ | 攞 / 拎 | 가져가다, 뽑다 | 4-10 | p115 |
| lok$^6$ yü$^5$ | 落雨 | 비가 내리다 | 3-5 | p80 |
| lün$^4$ lok$^3$ | 聯絡 | 연락하다 | 2-17 | p47 |

## M

| maai$^6$ | 賣 | 팔다 | 2-4 | p46 |
|---|---|---|---|---|
| mong$^4$ | 忙 | 바쁘다 | 4-16 | p115 |
| mong$^6$ | 望 | 보다 | 4-1 | p114 |
| mun$^4$ | 門 | 문 | 4-22 | p115 |

## N

| ngaam$^1$ ngaam$^1$ | 啱啱 | 방금 | 2-30 | p48 |
|---|---|---|---|---|
| ngaan$^3$ | 晏 | (시간이) 늦다 | 1-13 | p9 |
| ngo$^5$ dei$^6$ gung$^1$ si$^1$ | 我哋公司 | 자사, 우리 회사 | 2-18 | p47 |
| ngon$^1$ paai$^4$ | 安排 | 안배하다, 준비하다 | 1-5 | p8 |
| ni$^1$ löng$^5$ yat$^6$ | 呢兩日 | 요 며칠 | 3-31 | p82 |

## Y

| | | | | |
|---|---|---|---|---|
| yan$^{1}$ wai$^{6}$…… so$^{2}$ yi$^{5}$…… | 因為……所以…… | ~하기 때문에 ~하다 | 1-32 | p10 |
| yap$^{6}$ zhi$^{1}$ piu$^{3}$ | 入支票 | 수표를 입금하다 | 2-15 | p47 |
| yat$^{1}$ ding$^{6}$ (hai$^{6}$) | 一定(係) | 반드시, 꼭 | 3-32 | p82 |
| Yat$^{6}$ man$^{2}$ | 日文 | 일본어 | 1-25 | p10 |
| yau$^{1}$ sik$^{1}$ | 休息 | 쉬다 | 2-12 | p47 |
| yi$^{5}$ ging$^{1}$ | 已經 | 이미, 벌써 | 1-30 | p10 |
| yin$^{1}$ fa$^{1}$ | 煙花 | 폭죽 | 3-25 | p82 |
| Ying$^{1}$ man$^{2}$ | 英文 | 영어 | 1-26 | p10 |
| ying$^{1}$ sing$^{4}$ | 應承 | 약속하다, 승낙하다 | 4-12 | p115 |
| ying$^{2}$ yan$^{3}$ | 影印 | 복사하다 | 2-13 | p47 |
| ying$^{4}$ yip$^{6}$ ngaak$^{6}$ | 營業額 | 매출액 | 3-22 | p81 |
| yip$^{6}$ zhik$^{1}$ | 業績 | 업적, 성과, 실적 | 3-21 | p81 |
| yök$^{3}$ | 約 | 약속하다 | 4-8 | p114 |
| yung$^{6}$ | 用 | 사용하다 | 2-8 | p46 |
| yün$^{4}$ choi$^{4}$ liu$^{2}$ | 原材料 | 원자재 | 1-17 | p9 |

## Z

| | | | | |
|---|---|---|---|---|
| zhap$^{1}$ | 執 | 정리하다 | 4-2 | p114 |
| zhau$^{2}$ | 走 | 가다, 걷다, 떠나다 | 2-3 | p46 |
| zhau$^{6}$ lai$^{4}$ | 就嚟 | 곧, 머지 않아 | 4-32 | p116 |
| zhe$^{3}$ | 借 | 빌리다, 빌려주다 | 2-5 | p46 |
| zhip$^{3}$ | 接 | 받다, 데리러 가다 | 4-7 | p114 |
| zhip$^{3}$ doi$^{6}$ chü$^{3}$ | 接待處 | 접수처, 리셉션 데스크 | 4-28 | p116 |
| zhiu$^{1}$ san$^{1}$ gu$^{2}$ | 招新股 | 신주 발행 | 2-16 | p47 |
| zhou$^{6}$ ye$^{5}$ | 做嘢 | 일하다 | 3-13 | p81 |
| zhön$^{2}$ bei$^{6}$ | 準備 | 준비하다 | 2-11 | p47 |
| zhöü$^{3}$ gan$^{6}$ | 最近 | 최근 | 1-28 | p10 |
| zhung$^{2}$ gung$^{1}$ si$^{1}$ | 總公司 | 본사 | 1-14 | p9 |
| zhung$^{2}$ zhi$^{1}$ | 總之 | 어쨌든, 한마디로 말하자면 | 4-30 | p116 |
| zhung$^{6}$ (hai$^{6}$) | 重(係) | 아직, 여전히 | 3-33 | p82 |

# GO! 독학
# 광둥어
# 실전 비즈니스
# 쓰기 노트

1 你訂咗原材料未呀？ 당신은 원자재를 주문했나요?

➡ 你訂咗原材料未呀？

2 已經訂咗產品嘅原材料。 이미 제품의 원자재를 주문했어요.

➡ 已經訂咗產品嘅原材料。

3 我去咗一個國際會議。 저는 국제회의에 참석했어요.

➡ 我去咗一個國際會議。

4 經濟差咗。 경기가 나빠졌어요.

➡ 經濟差咗。

**5** 你睇過呢份資料未呀？ 당신은 이 자료를 본 적 있나요?

➡ 你睇過呢份資料未呀？

**6** 我未睇過呢份資料。 저는 이 자료를 본 적 없어요.

➡ 我未睇過呢份資料。

**7** 佢五點已經放咗工。 그는 다섯 시에 이미 퇴근했어요.

➡ 佢五點已經放咗工。

**8** 我重未上完堂。 저는 아직 수업이 다 끝나지 않았어요.

➡ 我重未上完堂。

9 你改完嗰份文件未呀？ 당신은 그 문서를 다 고쳤나요?

➡ 你改完嗰份文件未呀？

10 我改完嗰份文件喇。 저는 그 문서를 다 고쳤어요.

➡ 我改完嗰份文件喇。

11 我重未改完。 저는 아직 다 못 고쳤어요.

➡ 我重未改完。

쓰기 노트

12 你收咗幾多錢花紅呀？ 당신은 상여금을 얼마 받았어요?

➡ 你收咗幾多錢花紅呀？

**13** 我做完所有工作喇。 저는 모든 업무를 다 끝냈어요.

➡ 我做完所有工作喇。

**14** 我重未做晒啲工作。 저는 아직 업무를 다 끝내지 못했어요.

➡ 我重未做晒啲工作。

**15** 佢而家喺度見緊客。 그는 지금 고객을 만나고 있어요.

➡ 佢而家喺度見緊客。

**16** 我打電話俾客人道歉。 저는 고객에게 전화를 걸어 사과해요.

➡ 我打電話俾客人道歉。

17 我寫緊報告。 저는 보고서를 쓰고 있어요.

➡ 我寫緊報告。

18 我準備緊會議嘅資料。 저는 회의 자료를 준비하고 있어요.

➡ 我準備緊會議嘅資料。

19 我去會議室拎資料。 저는 회의실에 가서 자료를 가지고 올게요.

➡ 我去會議室拎資料。

20 點解你肥咗咁多嘅? 당신은 왜 그렇게 살이 쪘어요?

➡ 點解你肥咗咁多嘅?

**21** 我去中國出差。 저는 중국으로 출장을 가요.

➡ 我去中國出差。

**22** 我去銀行撳錢。 저는 은행에 가서 돈을 찾아요.

➡ 我去銀行撳錢。

**23** 我每日搭巴士返工。 저는 매일 버스를 타고 출근해요.

➡ 我每日搭巴士返工。

**24** 如果病咗，就唔好返工喇。 만약 아프면, 출근하지 마세요.

➡ 如果病咗，就唔好返工喇。

**25** 有冇同朋友去邊度玩呀？ 친구랑 어디 놀러 갔나요, 가지 않았나요?

➡ 有冇同朋友去邊度玩呀？

**26** 有呀，去咗山頂。 네, 빅토리아 피크에 갔어요.

➡ 有呀，去咗山頂。

**27** 你有冇坐過電車呀？ 당신은 트램을 타 본 적 있어요?

➡ 你有冇坐過電車呀？

**28** 有呀，我有坐過。 네, 저는 타 본 적 있어요.

➡ 有呀，我有坐過。

쓰기 노트

**29** 你係唔係喺度學緊廣東話呀？ 당신은 여기에서 광둥어를 배우고 있나요?

➡ 你係唔係喺度學緊廣東話呀？

**30** 係，我喺度學緊廣東話。 네, 저는 여기에서 광둥어를 배우고 있어요.

➡ 係，我喺度學緊廣東話。

**31** 你嘅廣東話好咗。 당신의 광둥어 실력이 늘었어요.

➡ 你嘅廣東話好咗。

**32** 因為資料舊咗，所以我而家更新緊。
자료들이 오래돼서 제가 지금 업데이트하고 있어요.

➡ 因為資料舊咗，所以我而家更新緊。

**33** 你到咗香港未呀？ 당신은 홍콩에 도착했나요?

➡ 你到咗香港未呀？

**34** 佢兩個鐘頭前到咗日本。 그는 두 시간 전에 일본에 도착했어요.

➡ 佢兩個鐘頭前到咗日本。

**35** 經理而家出緊差。 부장님은 지금 출장 중이세요.

➡ 經理而家出緊差。

**36** 如果經理返咗嚟嘅話，就叫我啦。
만약 부장님 오시면, 저 좀 불러 주세요.

➡ 如果經理返咗嚟嘅話，就叫我啦。

37 你影印完未呀？ 당신은 복사를 다 했나요?

➡ 你影印完未呀？

38 我送錯咗文件。 제가 문서를 잘못 보냈어요.

➡ 我送錯咗文件。

39 我改完份報告就走喇。 저는 이 보고서를 수정한 후에 바로 갈게요.

➡ 我改完份報告就走喇。

40 因為原材料貴咗，所以價格高咗。
원자재가 비싸져서 가격이 올랐어요.

➡ 因為原材料貴咗，所以價格高咗。

41 佢去郵局寄信。 그녀는 우체국에 가서 편지를 부쳐요.

➡ 佢去郵局寄信。

42 我搲錢買新電腦。 저는 돈을 찾아서 새 컴퓨터를 사요.

➡ 我搲錢買新電腦。

43 我買禮物俾總經理。 저는 선물을 사서 사장님께 드려요.

➡ 我買禮物俾總經理。

44 我而家開緊會，之後再打俾你。
저는 지금 회의 중이어서, 나중에 다시 전화드릴게요.

➡ 我而家開緊會，之後再打俾你。

**45** 返工之前食早餐。 출근하기 전에 아침을 먹어요.

➡ 返工之前食早餐。

**46** 放咗工之後去睇戲。 퇴근하고 나서 영화를 보러 가요.

➡ 放咗工之後去睇戲。

**47** 如果利潤高就投資。 만약 이율이 높으면 투자할게요.

➡ 如果利潤高就投資。

**48** 如果落雨就唔去。 만약 비가 오면 안 갈래요.

➡ 如果落雨就唔去。

**49** 佢哋視察緊中國嘅工場。 그들은 중국 공장을 시찰하고 있어요.

➡ 佢哋視察緊中國嘅工場。

**50** 如果業績繼續變差，就有財政危機。
만약 실적이 계속 나빠지면, 재정 위기가 올 거예요.

➡ 如果業績繼續變差，就有財政危機。

Notes

Notes

Notes

Notes

Notes

Notes